101

French Verbs

with

101 Videos for Your iPod

Rory Ryder

Illustrated by Andy Garnica

McGraw Hill

New York Chicago San Francisco Lisbon London Madrid Mexico City
Milan New Delhi San Juan Seoul Singapore Sydney Toronto

1 2 3 4 5 6 7 8 9 10 11 12 13 14 15 16 17 18 19 20 21 22 23 24   CTPS/CTPS   0 9

ISBN 978-0-07-161574-7 (book and disk set)
MHID   0-07-161574-1

ISBN 978-0-07-161575-4 (book alone)
MHID   0-07-161575-X

Library of Congress Control Number: 2008935421

Illustrated by Andy Garnica

McGraw-Hill books are available at special quantity discounts to use as premiums and sales promotions or for use in corporate training programs. To contact a representative, please e-mail us at bulksales@mcgraw-hill.com.

Also in this series:
101 English Verbs with 101 Videos for Your iPod
101 Japanese Verbs with 101 Videos for Your iPod
101 Spanish Verbs with 101 Videos for Your iPod
101 English Verbs: The Art of Conjugation
101 French Verbs: The Art of Conjugation
101 German Verbs: The Art of Conjugation
101 Italian Verbs: The Art of Conjugation
101 Spanish Verbs: The Art of Conjugation

Also available:
Verbots Illustrated Verbs interactive Whiteboard materials from Promethean

Contents

How to Use This Book

When learning a language, we often have problems remembering the words; it does not mean we have totally forgotten them. It just means that we can't recall them at that particular moment. This book is designed to help learners recall the verbs and their conjugations instantly.

Research

Research has shown that one of the most effective ways to remember something is by association. The way the verb (keyword) has been hidden in each illustration to act as a retrieval cue stimulates long-term memory. This method is seven times more effective than passively reading and responding to a list of verbs.

New Approach

Most grammar and verb books relegate the vital task of learning verbs to a black and white world of bewildering tables, leaving the student bored and frustrated. *101 French Verbs* is committed to clarifying the importance of this process through stimulating the senses, not by dulling them.

Dynamic Illustrations and Videos

The illustrations and videos introduce the quirky world of the Verbots in an approach that goes beyond conventional verb books. To make the most of this book, spend time with each picture and video to become familiar with everything that is happening. These images present mini storylines and episodes. Some are more challenging than others, adding to the fun but, more important, aiding the memory process.

Keywords

We have called the infinitive the "keyword" to refer to its central importance in remembering the multiple ways it can be used. Once you have located the keyword and made the connection with the illustration, you are ready to start to learn the colo(u)red tenses.

Colo(u)r-Coded Verb Tables

The verb tables are designed to save learners valuable time by focusing their attention and allowing them to make immediate connections between the subject and the verb. Making this association clear and simple from the beginning gives them more confidence to start speaking the language.

This book selects six of the most commonly used and useful tenses for beginning learners.

Example Sentences

Each of the 101 conjugation pages contains two example sentences in French, accompanied by their English equivalents. (One of the sentences is also spoken in the corresponding video.) These sentences, loosely inspired by the illustration on the page, show the art of conjugation in practice. The key verb form is colo(u)r coded to help you match it up to the tables and understand the correct selection of tense and subject on the grid.

Verb Indexes

The 101 verb conjugations in this book are ordered alphabetically by French infinitive. The French Verb Index contans these 101 featured verbs (which appear in blue), as well as an additional 140 common French verbs; these are cross-referenced to verbs that follow the same pattern. The English Verb Index allows you to locate a French verb conjugation by English meaning.

Independent Learning

101 French Verbs can be used for self-study or as a supplement as part of a teacher-led course. The accompanying videos provide pronunciation (spoken by a native speaker) of the present tense conjugation. Pronunciation of the other conjugations is available online at: **www.learnverbs.com**.

Master the Verbs

Once you are confident with each tense, congratulate yourself because you have learned more than 3,600 verb forms—an achievement that can take years to master!

Verb Conjugation in French

Conjugation requires the ability to select the correct verb form. Using this book, this skill is as simple as locating a square on a grid. Simply follow these steps:

- select the appropriate verb (use the Indexes at the back of the book to find the page of the correct model)
- select the correct person (see *Personal pronouns* on the following page to help you choose the correct row)
- select the correct tense (see the explanations on pages viii to xvi to guide you in choosing the correct column)

Select the correct tense ↓

Sub.	Présent	Imparfait	Passé Composé	Futur	Conditionnel	Subjonctif
je (j')	danse	dansais	ai dansé	danserai	danserais	danse
tu	danses	dansais	as dansé	danseras	danserais	danses
il elle on	danse	dansait	a dansé	dansera	danserait	danse
nous	dansons	dansions	avons dansé	danserons	danserions	dansions
vous	dansez	dansiez	avez dansé	(danserez)	danseriez	dansiez
ils elles	dansent	dansaient	ont dansé	danseront	danseraient	dansent

Select the correct person →

. . . to locate the correct verb form!

The Person of the Verb

To select the correct person, you must know the subject of the verb: who is doing the action. In each conjugation panel, there are six rows. Each row corresponds to a *Person*, represented in the first column by the following personal pronouns.

Personal Pronouns

je, j'	*I* (the speaker)
tu	*you* (informal singular: used when talking to a friend, a relative, a child, a pet)
il **elle** **on**	*he, it* (male person, masculine noun) *she, it* (female person, feminine noun) *one, we, they* (also used for passive voice)
nous	*we* plural: includes the speaker
vous	*you* (plural formal or informal; formal singular, used when talking to a superior, an elder, in business settings)
ils **elles**	*they* (plural, all male people, masculine nouns, or a mixed group) *they* (plural, all female people or feminine nouns)

Note the following

- Pronouns can be grouped by person:

  first person: **je (j')**, **nous** (includes the speaker or writer)
  second person: **tu**, **vous** (the person or persons being addressed)
  third person: **il**, **elle**, **on**, **ils**, **elles** (the person or persons talked about).
  The third person verb is also used for nouns or names of people or animals that are subjects of the sentence.

- Pronouns can also be grouped by number:

  singular: **je (j')**, **tu**, **il**, **elle**, **on** (one single person, animal, or object)
  plural: **nous**, **vous**, **ils**, **elles** (more than one person, animal, or object)

Verb Tenses

As well as knowing the appropriate verb name in French (the keyword or infinitive) and the correct person, you also need to select the correct tense. Tenses generally relate to time: when the action or state is or did take place. And while there are three basic time states (past, present, future), there are at least fourteen different tenses in French! But don't worry—many are not frequently used, and this book has selected only the six most common tenses that you will need.

In this book all six tenses are colo(u)r-coded, to help you recognize and learn them. The following pages explain each tense and when it is used. They also indicate how each tense is formed. While the conjugation charts in this book will help you look up the correct verb form, your knowledge of French will grow as you begin to recognize patterns—particularly with the conjugations of regular French verbs—and, in time, to learn them.

In French, there are three main groups of verbs:

- **-er** verbs
- **-ir** verbs
- **-re** verbs

Regular verbs within these groups follow predictable patterns. These patterns are shown for each tense in the following pages.

Le présent (*Present*)

Equivalent English tense(s): Present, simple present, present progressive

The present tense of regular verbs is formed by adding the present endings to the verb stem (the infinitive less **-er, -ir, -re**).

Présent	-er: Chanter			-ir: Finir			-re: Entendre		
	je	chant	e	je	fin	is	j'	entend	s
	tu	chant	es	tu	fin	is	tu	entend	s
	il	chant	e	il	fin	it	il	entend	-
	nous	chant	ons	nous	fin	issons	nous	entend	ons
	vous	chant	ez	vous	fin	issez	vous	entend	ez
	ils	chant	ent	ils	fin	issent	ils	entend	ent

The present tense is used in French in the following situations:

- for actions going on at the current time. In English, the present continuous (or progressive) is often used (*to be _____ ing*).

  Verbito, quelle chanson chantes-tu?   Verbito, what song are you singing?

- for habitual actions that happen regularly.

  Verbito dort dans un grand lit.   Verbito sleeps in a big bed.

- for actions about to happen in the near future.

  Et maintenant je te montre mon invention!   And now I'll show you my invention!

- for actions that have already begun and are still going on.

  Verbito la polit toute la matinée.   Verbito has been polishing it all morning long.

- for questions or negatives that use "do" in English.

  Qu'est-ce que tu vois, Verbito?   What do you see, Verbito?

  Je ne me souviens pas de ce qui s'est passé.   I don't remember what happened.

L'imparfait (*Imperfect*)

Equivalent English tense: Past progressive

The imperfect is formed by adding the imperfect endings to the verb stem (the infinitive less **-er**, **-ir**, **-re**).

Imparfait	-er:	Chanter		-ir:	Finir		-re:	Entendre	
	je	chant	ais	je	fin	issais	j'	entend	ais
	tu	chant	ais	tu	fin	issais	tu	entend	ais
	il	chant	ait	il	fin	issait	il	entend	ait
	nous	chant	ions	nous	fin	issions	nous	entend	ions
	vous	chant	iez	vous	fin	issez	vous	entend	iez
	ils	chant	aient	ils	fin	issent	ils	entend	aient

The imperfect tense is used in French in the following situations:

- for describing actions in the past that lasted some duration; note that the beginning and end points of the action itself aren't known.

  Verbito jouait aux cartes tous les soirs.

  Verbito played cards every evening.

- for describing actions or states that were ongoing when something else happened.

  Tu te douchais hier quand j'ai téléphoné?

  Were you taking a shower yesterday when I called?

- for a habitual or repeated action in the past (with *used to* or *would* in English).

  Autrefois, je réalisais des films à grand succès.

  In the past, I used to direct blockbuster films.

  Verbito jouait aux cartes tous les soirs.

  Verbito would play cards every evening.

- for describing background actions or situations such as time, weather, and emotions.

  Il pleuvait; les Beebots étaient tristes.

  It was raining; the Beebots were sad.

Le passé composé (*Past perfect*)

Equivalent English tenses: Simple past, present perfect

The *passé composé* (or compound past) is always in two parts. It is formed with the appropriate form of the auxiliary (**avoir** or **être**) followed by the past participle of the verb.

The past participle is formed by dropping the regular infinitive endings **-er**, **-ir**, **-re** and adding **-é** (for **-er**), **-i** (for **-ir**), and **-u** (for **-re**). In addition, there are many irregular past participles (**mettre**, **mis**; écrire, **écrit**; vivre, **vécu**). Regular and irregular past participles are shown in the **passé composé** columns of the verb charts in this book.

	-er:	Chanter		-ir:	Finir		-re:	Entendre	
Passé composé	j'	ai	chant é	j'	ai	fin i	j'	ai	entend u
	tu	as	chant é	tu	as	fin i	tu	as	entend u
	il	a	chant é	il	a	fin i	il	a	entend u
	nous	avons	chant é	nous	avons	fin i	nous	avons	entend u
	vous	avez	chant é	vous	avez	fin i	vous	avez	entend u
	ils	ont	chant é	ils	ont	fin i	ils	ont	entend u

The majority of French verbs take **avoir** as their auxiliary verb, but reflexive (pronominal) verbs (see page xvi) and a small group of other verbs, including the following, take **être**: **aller** (*to go*), **arriver** (*to arrive*), **descendre** (*to go down*), **entrer** (*to enter*), **monter** (*to climb*), **retourner** (*to return*), **sortir** (*to leave*), **tomber** (*to fall*), **venir** (*to come*).

The *passé composé* tense is used in French in the following situations:

- for individual or repeated (countable) actions that happened in the past.

Verbito a mis tous ses jetons sur la table.	Verbito put all his chips on the table.
Tu as cessé de fumer trois fois la semaine dernière!	You quit smoking three times last week!

- for completed actions that are referred to in the present.

J'ai évalué votre travail.	I have assessed your work.

- for describing an action that occurs while another action (in the imperfect) was taking place.

Tu te douchais hier quand j'ai téléphoné?	Were you taking a shower yesterday when I called?

Le futur (*Future*)

English equivalent: Future (with *will* or *shall*)

The future is formed by adding the future endings to the infinitive. For regular -**re** verbs, the final -**e** is dropped.

	-er: Chanter		-ir: Finir		-re: Entendre	
Futur	je	chanter ai	je	finir ai	j'	entendr ai
	tu	chanter as	tu	finir as	tu	entendr as
	il	chanter a	il	finir a	il	entendr a
	nous	chanter ons	nous	finir ons	nous	entendr ons
	vous	chanter ez	vous	finir ez	vous	entendr ez
	ils	chanter ont	ils	finir ont	ils	entendr ont

The future is used in French in the following situations:

- for describing actions that will happen in some future time.

  Demain, j'écrirai un courrier électronique. Tomorrow I will write an e-mail.

- for describing conditional situations when a future action is referred to.

  Si vous jouez gros jeu, vous perdrez tous vos biens. If you play for high stakes, you will lose all your possessions.

- for expressing an order (instead of using a command).

  Verbito, tu répareras notre véhicule! Verbito, you'll repair our vehicle!

Note: there are other ways to convey future meaning, in addition to the future tense.

- The present tense can be used for the near future.

  Et maintenant je te montre mon invention! And now I'll show you my invention!

- The verb **aller** + infinitive (*to be going to*) is used to express the intention to do something in the near future.

  Je vais te prendre au futur! I'm going to take you to the future!

Le conditionnel (*Conditional*)

English equivalent: Conditional, future conditional

   The conditional is formed by adding the conditional endings to the future stem, that is to the infinitive (for regular **-re** verbs, the final **-e** is dropped).

Condi-tionnel	-er: Chanter			-ir: Finir			-re: Entendre		
	je	chanter	ais	je	finir	ais	j'	entendr	ais
	tu	chanter	ais	tu	finir	ais	tu	entendr	ais
	il	chanter	ait	il	finir	ait	il	entendr	ait
	nous	chanter	ions	nous	finir	ions	nous	entendr	ions
	vous	chanter	iez	vous	finir	iez	vous	entendr	iez
	ils	chanter	aient	ils	finir	aient	ils	entendr	aient

   The conditional is technically not a tense, but rather a *mood*. The present conditional is used in French in the following situations:

- for describing what might happen under certain conditions (usually in a clause following **si** + imperfect tense).

   Chers étudiants, si vous lisiez
      ce livre, vous apprendriez
      des verbes français!

   Dear students, if you read
      this book, you would learn
      French verbs!

- for describing a future action from a past point of view, usually following **que** or **si**.

   Ils se demandaient si la police
      viendrait.

   They were wondering if the police
      would come.

- for describing a possibility or eventuality.

   À sa place crieriez-vous?

   Would you scream in her
      situation?

- for softening a demand or wish.

   Je voudrais acheter encore
      six chaises.

   I would like to buy six more chairs.

Le subjonctif (*Subjunctive*)

English equivalent: Present subjunctive

The present subjunctive is formed by adding the subjunctive endings to the stem formed by present tense 3rd-person plural, less **-ent**.

Subjonctif	-er:	Chanter		-ir:	Finir		-re:	Entendre	
	je	chant	e	je	finiss	e	j'	entend	e
	tu	chant	es	tu	finiss	es	tu	entend	es
	il	chant	e	il	finiss	e	il	entend	e
	nous	chant	ions	nous	finiss	ions	nous	entend	ions
	vous	chant	iez	vous	finiss	iez	vous	entend	iez
	ils	chant	ent	ils	finiss	ent	ils	entend	ent

The subjunctive is also a *mood*, rather than a tense. The present subjunctive is used in French in the following situations:

- for verbs following expressions of emotion, such as happiness, surprise, or fear.

> *Cyberdog est content que nous le* trouvons *!*

> Cyberdog is happy that we found him!

> *Verbita s'étonne que Verbito* nettoie *la machine.*

> Verbita is amazed that Verbito is cleaning the machine.

> *J'ai peur que nous ne* nous écrasions *!*

> I'm afraid we'll crash!

- for expressing a personal opinion, including doubt or regret.

> *Je doute qu'il* conte *à un million!*

> I doubt he's counting to a million!

- for expressing a wish or desire in clauses starting with **que**. (Note: The verb **espérer que** [*to hope that*] is followed by the indicative, not the subjunctive.)

> *Je préfère que tu m'en* donnes *des rouges!*

> I prefer that you give me red ones!

Note that the infinitive, not the subjunctive mood, is used if the subject is the same in both clauses:

> *J'ai peur de* m'écraser *!*

> I'm afraid (that) I'll crash!

L'impératif (*Command*)

English equivalent: Command, imperative

Command forms, tu / vous, are shown in red type below the English verb meaning on each conjugation page.

For most verbs the tu command form, used to give a command to one friend, family member, child, or pet, is the same form as the **tu** present tense form, less the subject pronoun. (However, for regular **-er** verbs, the **-s** is dropped, if there is no object pronoun.)

The vous command form is for a command addressed to more than one person, or to one person in a formal way (such as a teacher, boss, older person, or in a business setting). For most verbs, it is the same form as the **vous** present tense form.

The imperative is used in French for telling someone to do something or not to do something.

*Tais-toi, **Cyberdog!** Et ne bouge pas!*	**Be quiet, Cyberdog! And don't move!**

Le participe présent (*Present participle*)

English equivalent: Present participle

The present participle is shown in olive type below the French infinitive on each conjugation page.

For most verbs the present participle is formed by adding **-ant** to the verb stem.

The present participle is used in French for describing actions that are concurrent, often after **en** meaning *while . . . ing.*

*En nous baladant, **nous avons vu des robots bizarres!***	**While strolling, we saw some weird robots!**

Reflexive Verbs

Some French verbs refer back to the subject, like the English verb *to wash oneself* (*I wash myself, you wash yourself*, etc.) These verbs, also called pronominal verbs (**verbes pronominaux**), always include the reflexive pronoun, in addition to the subject pronoun.

Reflexive Pronouns

se	*-self* (the infinitive)
me	*myself* (the speaker)
te	*yourself* (informal, singular: when talking to a friend, a relative, a child, a pet)
se	*himself, herself, itself*
nous	*ourselves*
vous	*yourself*
se	*themselves* (plural)

Check out the following verbs in this book to see the conjugation of reflexive (pronominal) verbs:

#10 **s'asseoir** (to sit down)
#13 **se balader** (to stroll)
#14 **se battre** (to fight)
#35 **se doucher** (to shower)
#36 **s'écraser** (to crash)
#51 **s'habiller** (to get dressed)

#57 **se marier** (to get married)
#68 **se peigner** (to comb)
#81 **se réveiller** (to wake up)
#90 **se souvenir** de (to remember)
#92 **se taire** (to be quiet)

Some French verbs can be both reflexive and non-reflexive. For example, **appeler** (*to call*) can also be reflexive (**s'appeler**), meaning *to call oneself, be named*.

Je m'appelle Verbito.   My name is Verbito.

Verbito appelle Verbita.   Verbito calls Verbita.

to buy   acheter

achète! / achetez!   achetant

Sub.	Présent	Imparfait	Passé Composé	Futur	Conditionnel	Subjonctif
je (j')	achète	achetais	ai acheté	achèterai	achèterais	achète
tu	achètes	achetais	as acheté	achèteras	achèterais	achètes
il elle on	achète	achetait	a acheté	achètera	achèterait	achète
nous	achetons	achetions	avons acheté	achèterons	achèterions	achetions
vous	achetez	achetiez	avez acheté	achèterez	achèteriez	achetiez
ils elles	achètent	achetaient	ont acheté	achèteront	achèteraient	achètent

Ils achètent leurs courses de la semaine tous les vendredis.

They buy their groceries for the week every Friday.

J'achetais au-dessus de mes moyens.

I was buying what I couldn't afford.

aimer

aimant

aime! / aimez!

andyGARNICA

Sub.	Présent	Imparfait	Passé Composé	Futur	Conditionnel	Subjonctif
je (j')	aime	aimais	ai aimé	aimerai	aimerais	aime
tu	aimes	aimais	as aimé	aimeras	aimerais	aimes
il elle on	aime	aimait	a aimé	aimera	aimerait	aime
nous	aimons	aimions	avons aimé	aimerons	aimerions	aimions
vous	aimez	aimiez	avez aimé	aimerez	aimeriez	aimiez
ils elles	aiment	aimaient	ont aimé	aimeront	aimeraient	aiment

Ils **aiment** chaque instant passé ensemble.

They love every moment together.

Nous nous **aimerons** pour toujours.

We will love each other forever.

2

to go

aller
allant

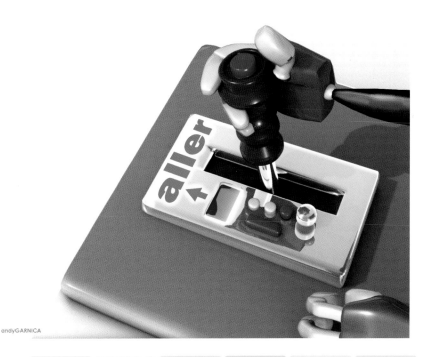

andyGARNICA

Sub.	Présent	Imparfait	Passé Composé	Futur	Conditionnel	Subjonctif
je (j')	vais	allais	suis allé(e)	irai	irais	aille
tu	vas	allais	es allé(e)	iras	irais	ailles
il elle on	va	allait	est allé(e)	ira	irait	aille
nous	allons	allions	sommes allé(e)s	irons	irions	allions
vous	allez	alliez	êtes allé(e)(s)	irez	iriez	alliez
ils elles	vont	allaient	sont allé(e)s	iront	iraient	aillent

Tu **vas** loin quand tu appuies ici.

You go far when you press here.

Elle **allait** aussi rapidement que possible.

She was going as fast as possible.

allumer

allumant

allume! / allumez!

Sub.	Présent	Imparfait	Passé Composé	Futur	Conditionnel	Subjonctif
je (j')	allume	allumais	ai allumé	allumerai	allumerais	allume
tu	allumes	allumais	as allumé	allumeras	allumerais	allumes
il elle on	allume	allumait	a allumé	allumera	allumerait	allume
nous	allumons	allumions	avons allumé	allumerons	allumerions	allumions
vous	allumez	allumiez	avez allumé	allumerez	allumeriez	allumiez
ils elles	allument	allumaient	ont allumé	allumeront	allumeraient	allument

J'**allume** l'espace entier.

I light up the whole area.

Il **allumerait** un arbre si c'était Noël.

He would light a tree if it were Christmas.

4

to call, name
appelle! / appelez!

appeler
appelant

andyGARNICA

Sub.	Présent	Imparfait	Passé Composé	Futur	Conditionnel	Subjonctif
je (j')	appelle	appelais	ai appelé	appellerai	appellerais	appelle
tu	appelles	appelais	as appelé	appelleras	appellerais	appelles
il elle on	appelle	appelait	a appelé	appellera	appellerait	appelle
nous	appelons	appelions	avons appelé	appellerons	appellerions	appelions
vous	appelez	appeliez	avez appelé	appellerez	appelleriez	appeliez
ils elles	appellent	appelaient	ont appelé	appelleront	appelleraient	appellent

J'appelle Verbita à peu près trois fois par jour!

I call Verbita about three times a day!

Nous vous appellerons demain matin.

We will call you tomorrow morning.

apporter
to bring

apportant

apporte! / apportez!

andyGARNICA

Sub.	Présent	Imparfait	Passé Composé	Futur	Conditionnel	Subjonctif
je (j')	apporte	apportais	ai apporté	apporterai	apporterais	apporte
tu	apportes	apportais	as apporté	apporteras	apporterais	apportes
il elle on	apporte	apportait	a apporté	apportera	apporterait	apporte
nous	apportons	apportions	avons apporté	apporterons	apporterions	apportions
vous	apportez	apportiez	avez apporté	apporterez	apporteriez	apportiez
ils elles	apportent	apportaient	ont apporté	apporteront	apporteraient	apportent

Je lui lance des choses et il m'en **apporte** d'autres.

I throw him things and he brings others back.

Tu **apportais** des bâtons la semaine dernière.

You were bringing sticks last week.

6

to learn
apprends! / apprenez!

apprendre
apprenant

Sub.	Présent	Imparfait	Passé Composé	Futur	Conditionnel	Subjonctif
je (j')	apprends	apprenais	ai appris	apprendrai	apprendrais	apprenne
tu	apprends	apprenais	as appris	apprendras	apprendrais	apprennes
il elle on	apprend	apprenait	a appris	apprendra	apprendrait	apprenne
nous	apprenons	apprenions	avons appris	apprendrons	apprendrions	apprenions
vous	apprenez	appreniez	avez appris	apprendrez	apprendriez	appreniez
ils elles	apprennent	apprenaient	ont appris	apprendront	apprendraient	apprennent

Les Beebots **apprennent** quelque chose de nouveau tous les jours.

Beebots learn something new each day.

Si nous étions des moustiques nous **apprendrions** sur le sang.

If we were mosquitoes we would learn about blood.

7

arrêter
arrêtant

Sub.	Présent	Imparfait	Passé Composé	Futur	Conditionnel	Subjonctif
je (j')	arrête	arrêtais	ai arrêté	arrêterai	arrêterais	arrête
tu	arrêtes	arrêtais	as arrêté	arrêteras	arrêterais	arrêtes
il elle on	arrête	arrêtait	a arrêté	arrrêtera	arrêterait	arrête
nous	arrêtons	arrêtions	avons arrêté	arrêterons	arrêterions	arrêtions
vous	arrêtez	arrêtiez	avez arrêté	arrêterez	arrêteriez	arrêtiez
ils elles	arrêtent	arrêtaient	ont arrêté	arrêteront	arrêteraient	arrêtent

Tout le monde s'arrête à la dernière seconde possible.

Everyone is stopping at the last possible second.

Si j'étais toi, je m'arrêterais plus tôt.

If I were you, I would stop sooner.

8

to arrive
arrive! / arrivez!

arriver
arrivant

Sub.	Présent	Imparfait	Passé Composé	Futur	Conditionnel	Subjonctif
je (j')	arrive	arrivais	suis arrivé(e)	arriverai	arriverais	arrive
tu	arrives	arrivais	es arrivé(e)	arriveras	arriverais	arrives
il elle on	arrive	arrivait	est arrivé(e)	arrivera	arriverait	arrive
nous	arrivons	arrivions	sommes arrivé(e)s	arriverons	arriverions	arrivions
vous	arrivez	arriviez	êtes arrivé(e)(s)	arriverez	arriveriez	arriviez
ils elles	arrivent	arrivaient	sont arrivé(e)s	arriveront	arriveraient	arrivent

Verbito arrive maintenant à la porte 4.

Verbito is arriving now at gate 4.

Verbito et Beebot arriveront ensemble.

Verbito and Beebot will arrive together.

9

s'asseoir

s'asseyant

to sit down

assieds-toi! / asseyez-vous!

Sub.	Présent	Imparfait	Passé Composé	Futur	Conditionnel	Subjonctif
je (j')	m'assieds	m'asseyais	me suis assis(e)	m'assiérai	m'asseiérais	m'asseye
tu	t'assieds	t'asseyais	t'es assis(e)	t'assiéras	t'assiérais	t'asseyes
il elle on	s'assied	s'asseyait	s'est assis(e)	s'assiéra	s'assiérait	s'asseye
nous	nous asseyons	nous asseyions	nous sommes assis(es)	nous assiérons	nous assiérions	nous asseyions
vous	vous asseyez	vous asseyiez	vous êtes assis(e)/(es)	vous assiérez	vous assiériez	vous asseyiez
ils elles	s'asseyent	s'asseyaient	se sont assis(es)	s'assiéront	s'assiéraient	s'asseyent

Il **s'assied** dans sa chaise haute.

He is sitting down on his high chair.

Ils **s'assiéront** avant de commencer.

They will sit down before they get started.

to wait (for)

attends! / attendez!

attendre

attendant

Sub.	Présent	Imparfait	Passé Composé	Futur	Conditionnel	Subjonctif
je (j')	attends	attendais	ai attendu	attendrai	attendrais	attende
tu	attends	attendais	as attendu	attendras	attendrais	attendes
il elle on	attend	attendait	a attendu	attendra	attendrait	attende
nous	attendons	attendions	avons attendu	attendrons	attendrions	attendions
vous	attendez	attendiez	avez attendu	attendrez	attendriez	attendiez
ils elles	attendent	attendaient	ont attendu	attendront	attendraient	attendent

Verbito attend patiemment au coin de la rue.

Verbito waits patiently at the corner of the street.

Nous pensons que tu as assez attendu.

We think you have waited long enough.

11

Sub.	Présent	Imparfait	Passé Composé	Futur	Conditionnel	Subjonctif
je (j')	ai	avais	ai eu	aurai	aurais	aie
tu	as	avais	as eu	auras	aurais	aies
il elle on	a	avait	a eu	aura	aurait	ait
nous	avons	avions	avons eu	aurons	aurions	ayons
vous	avez	aviez	avez eu	aurez	auriez	ayez
ils elles	ont	avaient	ont eu	auront	auraient	aient

J' ai terriblement mal à l'estomac.

I have a ferocious stomachache.

Nous aurons bientôt ses médicaments.

We will have her medication soon.

Sub.	Présent	Imparfait	Passé Composé	Futur	Conditionnel	Subjonctif
je (j')	me balade	me baladais	me suis baladé(e)	me baladerai	me baladerais	me balade
tu	te balades	te baladais	t'es baladé(e)	te baladeras	te baladerais	te balades
il elle on	se balade	se baladait	s'est baladé(e)	se baladera	se baladerait	se balade
nous	nous baladons	nous baladions	nous sommes baladé(e)s	nous baladerons	nous baladerions	nous baladions
vous	vous baladez	vous baladiez	vous êtes baladé(e)(s)	vous baladerez	vous baladeriez	vous baladiez
ils elles	se baladent	se baladaient	se sont baladé(e)s	se baladeront	se baladeraient	se baladent

Je **me balade** tôt le soir.

I am strolling in the early evening.

Tu **te baladais** ici hier quand les autres chiens t'ont couru après.

You were strolling here yesterday when the other dogs chased you.

13

se battre

to fight

se battant

bats-toi! / battez-vous!

andyGARNICA

Sub.	Présent	Imparfait	Passé Composé	Futur	Conditionnel	Subjonctif
je (j')	me bats	me battais	me suis battu(e)	me battrai	me battrais	me batte
tu	te bats	te battais	t'es battu(e)	te battras	te battrais	te battes
il elle on	se bat	se battait	s'est battu(e)	se battra	se battrait	se batte
nous	nous battons	nous battions	nous sommes battu(e)s	nous battrons	nous battrions	nous battions
vous	vous battez	vous battiez	vous êtes battu(e)(s)	vous battrez	vous battriez	vous battiez
ils elles	se battent	se battaient	se sont battu(e)s	se battront	se battraient	se battent

Doucement! On ne **se bat** pas pour de vrai!

Easy! We are not fighting for real!

Je **me battrai** avec l'épée verte la prochaine fois.

I will fight with the green sword next time.

to drink
bois! / buvez!

boire
buvant

andyGARNICA

Sub.	Présent	Imparfait	Passé Composé	Futur	Conditionnel	Subjonctif
je (j')	bois	buvais	ai bu	boirai	boirais	boive
tu	bois	buvais	as bu	boiras	boirais	boives
il elle on	boit	buvait	a bu	boira	boirait	boive
nous	buvons	buvions	avons bu	boirons	boirions	buvions
vous	buvez	buviez	avez bu	boirez	boiriez	buviez
ils elles	boivent	buvaient	ont bu	boiront	boiraient	boivent

Verbito **boit** jusqu'à plus soif.

Verbito is drinking until he's not thirsty any more.

Nous **boirons** tout ce qu'il y a dans le frigo.

We will drink everything in the refrigerator.

andyGARNICA

Sub.	Présent	Imparfait	Passé Composé	Futur	Conditionnel	Subjonctif
je (j')	cesse	cessais	ai cessé	cesserai	cesserais	cesse
tu	cesses	cessais	as cessé	cesseras	cesserais	cesses
il elle on	cesse	cessait	a cessé	cessera	cesserait	cesse
nous	cessons	cessions	avons cessé	cesserons	cesserions	cessions
vous	cessez	cessiez	avez cessé	cesserez	cesseriez	cessiez
ils elles	cessent	cessaient	ont cessé	cesseront	cesseraient	cessent

Ma machine **cesse** de fonctionner trop souvent.

My machine is quitting too often.

Il **cesserait** maintenant s'il avait le choix.

He would quit now if he had the choice.

16

to change, exchange

changer

changeant

andyGARNICA

Sub.	Présent	Imparfait	Passé Composé	Futur	Conditionnel	Subjonctif
je (j')	change	changeais	ai changé	changerai	changerais	change
tu	changes	changeais	as changé	changeras	changerais	changes
il elle on	change	changeait	a changé	changera	changerait	change
nous	changeons	changions	avons changé	changerons	changerions	changions
vous	changez	changiez	avez changé	changerez	changeriez	changiez
ils elles	changent	changeaient	ont changé	changeront	changeraient	changent

Nous **changeons** leurs piles tous les mois.

We change their batteries every month.

Ce procédé te **changera** la vie, Beebot!

This process will change your life, Beebot!

17

chanter

chantant

Sub.	Présent	Imparfait	Passé Composé	Futur	Conditionnel	Subjonctif
je (j')	chante	chantais	ai chanté	chanterai	chanterais	chante
tu	chantes	chantais	as chanté	chanteras	chanterais	chantes
il elle on	chante	chantait	a chanté	chantera	chanterait	chante
nous	chantons	chantions	avons chanté	chanterons	chanterions	chantions
vous	chantez	chantiez	avez chanté	chanterez	chanteriez	chantiez
ils elles	chantent	chantaient	ont chanté	chanteront	chanteraient	chantent

Ma famille est douée et nous **chantons** tous.

My family is gifted and we all sing.

Je **chantais** dans les bars avant de devenir une vedette.

I was singing in bars before I became a star.

18

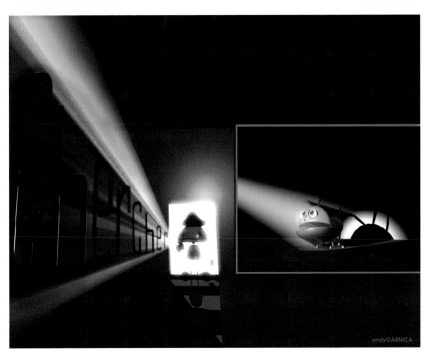

Sub.	Présent	Imparfait	Passé Composé	Futur	Conditionnel	Subjonctif
je (j')	cherche	cherchais	ai cherché	chercherai	chercherais	cherche
tu	cherches	cherchais	as cherché	chercheras	chercherais	cherches
il elle on	cherche	cherchait	a cherché	cherchera	chercherait	cherche
nous	cherchons	cherchions	avons cherché	chercherons	chercherions	cherchions
vous	cherchez	cherchiez	avez cherché	chercherez	chercheriez	cherchiez
ils elles	cherchent	cherchaient	ont cherché	chercheront	chercheraient	cherchent

Nous le **cherchons** nuit et jour.

We are searching for him day and night.

Ils **ont cherché** de tous côtés.

They have searched high and low.

commencer

to start, begin

commençant

commence! / commencez!

andyGARNICA

Sub.	Présent	Imparfait	Passé Composé	Futur	Conditionnel	Subjonctif
je (j')	commence	commençais	ai commencé	commencerai	commen-cerais	commence
tu	commences	commençais	as commencé	commenceras	commen-cerais	commences
il elle on	commence	commençait	a commencé	commencera	commen-cerait	commence
nous	commençons	commencions	avons commencé	commen-cerons	commen-cerions	commencions
vous	commencez	commenciez	avez commencé	commen-cerez	commen-ceriez	commenciez
ils elles	commencent	commençaient	ont commencé	commen-ceront	commen-ceraient	commencent

À chaque fois que Verbito commence , je perds.

Every time Verbito starts I end up losing.

Continue d'essayer Cyberdog, et un jour tu commenceras à gagner!

Keep trying Cyberdog, and one day you will start winning!

20

to count

compte! / comptez!

compter

comptant

Sub.	Présent	Imparfait	Passé Composé	Futur	Conditionnel	Subjonctif
je (j')	compte	comptais	ai compté	compterai	compterais	compte
tu	comptes	comptais	as compté	compteras	compterais	comptes
il elle on	compte	comptait	a compté	comptera	compterait	compte
nous	comptons	comptions	avons compté	compterons	compterions	comptions
vous	comptez	comptiez	avez compté	compterez	compteriez	comptiez
ils elles	comptent	comptaient	ont compté	compteront	compteraient	comptent

Nous **comptons** actuellement les Beebots.

We are counting the Beebots right now.

Combien de Beebots **as**-tu déjà **comptés** ?

How many Beebots have you counted so far?

conduire

to drive

conduis! / conduisez!

Sub.	Présent	Imparfait	Passé Composé	Futur	Conditionnel	Subjonctif
je (j')	conduis	conduisais	ai conduit	conduirai	conduirais	conduise
tu	conduis	conduisais	as conduit	conduiras	conduirais	conduises
il elle on	conduit	conduisait	a conduit	conduira	conduirait	conduise
nous	conduisons	conduisions	avons conduit	conduirons	conduirions	conduisions
vous	conduisez	conduisiez	avez conduit	conduirez	conduiriez	conduisiez
ils elles	conduisent	conduisaient	ont conduit	conduiront	conduiraient	conduisent

Nous **conduisons** d'une planète à l'autre.

We drive from one planet to the next.

Ils **conduisaient** comme des robots fous.

They were driving like mad robots.

andyGARNICA

Sub.	Présent	Imparfait	Passé Composé	Futur	Conditionnel	Subjonctif
je (j')	construis	construisais	ai construit	construirai	construirais	construise
tu	construis	construisais	as construit	construiras	construirais	construises
il elle on	construit	construisait	a construit	construira	construirait	construise
nous	construisons	construisions	avons construit	construirons	construirions	construisions
vous	construisez	construisiez	avez construit	construirez	construiriez	construisiez
ils elles	construisent	construisaient	ont construit	construiront	construiraient	construisent

Montre-nous comment tu **construis** cela.

Show us how you build that.

Nous le **construisions** pour une exposition.

We were building this for an exhibition.

couper
coupant

Sub.	Présent	Imparfait	Passé Composé	Futur	Conditionnel	Subjonctif
je (j')	coupe	coupais	ai coupé	couperai	couperais	coupe
tu	coupes	coupais	as coupé	couperas	couperais	coupes
il elle on	coupe	coupait	a coupé	coupera	couperait	coupe
nous	coupons	coupions	avons coupé	couperons	couperions	coupions
vous	coupez	coupiez	avez coupé	couperez	couperiez	coupiez
ils elles	coupent	coupaient	ont coupé	couperont	couperaient	coupent

Je le **coupe** parce qu'il est trop long.

I am cutting it because it is too long.

D'abord, nous la **couperons** en parts égales.

First, we will cut it into equal parts.

Sub.	Présent	Imparfait	Passé Composé	Futur	Conditionnel	Subjonctif
je (j')	cours	courais	ai couru	courrai	courrais	coure
tu	cours	courais	as couru	courras	courrais	coures
il elle on	court	courait	a couru	courra	courrait	coure
nous	courons	courions	avons couru	courrons	courrions	courions
vous	courez	couriez	avez couru	courrez	courriez	couriez
ils elles	courent	couraient	ont couru	courront	courraient	courent

Verbito **court** sans difficulté à cause de la faible gravité.

Verbito runs easily because of the weak gravity.

J'**ai couru** et failli marcher sur un Beebot.

I ran and nearly stepped on a Beebot.

créer

créant

to create

crée! / créez!

Sub.	Présent	Imparfait	Passé Composé	Futur	Conditionnel	Subjonctif
je (j')	crée	créais	ai créé	créerai	créerais	crée
tu	crées	créais	as créé	créeras	créerais	crées
il elle on	crée	créait	a créé	créera	créerait	crée
nous	créons	créions	avons créé	créerons	créerions	créions
vous	créez	créiez	avez créé	créerez	créeriez	créiez
ils elles	créent	créaient	ont créé	créeront	créeraient	créent

Nous créons un autre Big Bang!

We are creating another Big Bang!

Je créerai une surprise pour Verbita.

I will create a surprise for Verbita.

26

andyGARNICA

Sub.	Présent	Imparfait	Passé Composé	Futur	Conditionnel	Subjonctif
je (j')	crie	criais	ai crié	crierai	crierais	crie
tu	cries	criais	as crié	crieras	crierais	cries
il elle on	crie	criait	a crié	criera	crierait	crie
nous	crions	criions	avons crié	crierons	crierions	criions
vous	criez	criiez	avez crié	crierez	crieriez	criiez
ils elles	crient	criaient	ont crié	crieront	crieraient	crient

Quand Verbita crie , la galaxie entière tremble.

When Verbita screams, the whole galaxy shakes.

Verbita criera encore une fois si ce Beebot reviendra.

Verbita will scream again if that Beebot returns.

27

cuisiner

cuisinant

cuisine! / cuisinez!

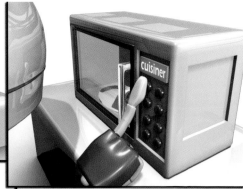

andyGARNICA

Sub.	Présent	Imparfait	Passé Composé	Futur	Conditionnel	Subjonctif
je (j')	cuisine	cuisinais	ai cuisiné	cuisinerai	cuisinerais	cuisine
tu	cuisines	cuisinais	as cuisiné	cuisineras	cuisinerais	cuisines
il elle on	cuisine	cuisinait	a cuisiné	cuisinera	cuisinerait	cuisine
nous	cuisinons	cuisinions	avons cuisiné	cuisinerons	cuisinerions	cuisinions
vous	cuisinez	cuisiniez	avez cuisiné	cuisinerez	cuisineriez	cuisiniez
ils elles	cuisinent	cuisinaient	ont cuisiné	cuisineront	cuisineraient	cuisinent

Je **cuisine** des repas très simples.

I cook very simple meals.

Nous **cuisinerons** un grand repas demain soir.

We will cook a grand meal tomorrow night.

28

andyGARNICA

Sub.	Présent	Imparfait	Passé Composé	Futur	Conditionnel	Subjonctif
je (j')	danse	dansais	ai dansé	danserai	danserais	danse
tu	danses	dansais	as dansé	danseras	danserais	danses
il elle on	danse	dansait	a dansé	dansera	danserait	danse
nous	dansons	dansions	avons dansé	danserons	danserions	dansions
vous	dansez	dansiez	avez dansé	danserez	danseriez	dansiez
ils elles	dansent	dansaient	ont dansé	danseront	danseraient	dansent

Nous **dansons** pour rester en forme.

We dance to keep fit.

J'**ai dansé** à la fête toute la nuit.

I was dancing at the party all night.

décider

décidant

andyGARNICA

Sub.	Présent	Imparfait	Passé Composé	Futur	Conditionnel	Subjonctif
je (j')	décide	décidais	ai décidé	déciderai	déciderais	décide
tu	décides	décidais	as décidé	décideras	déciderais	décides
il elle on	décide	décidait	a décidé	décidera	déciderait	décide
nous	décidons	décidions	avons décidé	déciderons	déciderions	décidions
vous	décidez	décidiez	avez décidé	déciderez	décideriez	décidiez
ils elles	décident	décidaient	ont décidé	décideront	décideraient	décident

Tu **décides** lequel tu préfères.

You decide which one you like better.

Ont-ils déjà **décidé** ?

Have they decided yet?

to ask (for)

demande! / demandez!

demander
demandant

Sub.	Présent	Imparfait	Passé Composé	Futur	Conditionnel	Subjonctif
je (j')	demande	demandais	ai demandé	demanderai	demanderais	demande
tu	demandes	demandais	as demandé	demanderas	demanderais	demandes
il elle on	demande	demandait	a demandé	demandera	demanderait	demande
nous	demandons	demandions	avons demandé	demanderons	demanderions	demandions
vous	demandez	demandiez	avez demandé	demanderez	demanderiez	demandiez
ils elles	demandent	demandaient	ont demandé	demanderont	demanderaient	demandent

Ils **demandent** les choses poliment ici.

They ask for things nicely around here.

Nous **demanderons** à Verbita quand ça sera notre tour.

We will ask Verbita when it is our turn.

31

descendre

descendant

descends! / descendez!

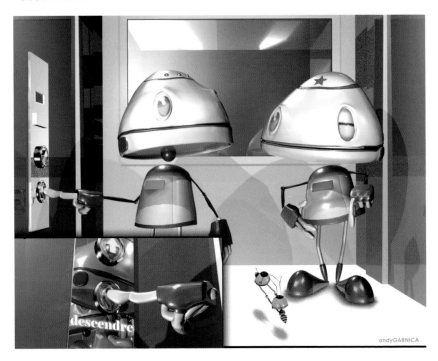

andyGARNICA

Sub.	Présent	Imparfait	Passé Composé	Futur	Conditionnel	Subjonctif
je (j')	descends	descendais	suis descendu(e)	descendrai	descendrais	descende
tu	descends	descendais	es descendu(e)	descendras	descendrais	descendes
il elle on	descend	descendait	est descendu(e)	descendra	descendrait	descende
nous	descendons	descendions	sommes descendu(e)s	descendrons	descendrions	descendions
vous	descendez	descendiez	êtes descendu(e)(s)	descendrez	descendriez	descendiez
ils elles	descendent	descendaient	sont descendu(e)s	descendront	descendraient	descendent

Ils **descendent** au parking.

They are going down to the parking lot.

Elle **descendait** dans l'ascenseur.

She was going down in the elevator.

32

Sub.	Présent	Imparfait	Passé Composé	Futur	Conditionnel	Subjonctif
je (j')	donne	donnais	ai donné	donnerai	donnerais	donne
tu	donnes	donnais	as donné	donneras	donnerais	donnes
il elle on	donne	donnait	a donné	donnera	donnerait	donne
nous	donnons	donnions	avons donné	donnerons	donnerions	donnions
vous	donnez	donniez	avez donné	donnerez	donneriez	donniez
ils elles	donnent	donnaient	ont donné	donneront	donneraient	donnent

Je te **donne** des fleurs sans aucune raison particulière.

I am giving you flowers for no particular reason.

Tu m'**as donné** des chocolats la semaine dernière.

You gave me chocolates last week.

dormir

to sleep

dors! / dormez!

andyGARNICA

Sub.	Présent	Imparfait	Passé Composé	Futur	Conditionnel	Subjonctif
je (j')	dors	dormais	ai dormi	dormirai	dormirais	dorme
tu	dors	dormais	as dormi	dormiras	dormirais	dormes
il elle on	dort	dormait	a dormi	dormira	dormirait	dorme
nous	dormons	dormions	avons dormi	dormirons	dormirions	dormions
vous	dormez	dormiez	avez dormi	dormirez	dormiriez	dormiez
ils elles	dorment	dormaient	ont dormi	dormiront	dormiraient	dorment

Nous **dormons** dans des lits qui ressemblent à des boîtes en métal.

We sleep in beds that look like metal boxes.

Je **dormirais** bien sur le côté, mais la boîte est trop petite.

I would sleep on my side but the box is too small.

34

to shower, take a shower

se doucher

se douchant

andyGARNICA

Sub.	Présent	Imparfait	Passé Composé	Futur	Conditionnel	Subjonctif
je (j')	me douche	me douchais	me suis douché(e)	me doucherai	me doucherais	me douche
tu	te douches	te douchais	t'es douché(e)	te doucheras	te doucherais	te douches
il elle on	se douche	se douchait	s'est douché(e)	se douchera	se doucherait	se douche
nous	nous douchons	nous douchions	nous sommes douché(e)s	nous doucherons	nous doucherions	nous douchions
vous	vous douchez	vous douchiez	vous êtes douché(e)(s)	vous doucherez	vous doucheriez	vous douchiez
ils elles	se douchent	se douchaient	se sont douché(e)s	se doucheront	se doucheraient	se douchent

Cyberdog, je me demande si c'est la première fois que tu **te douches** !

Cyberdog, I wonder if you are showering for the first time!

Je **me suis douché** pour faire partir la boue.

I showered to get rid of the mud.

s'écraser

to crash, collide

s'écrasant

écrase-toi! / écrasez-vous!

andyGARNICA

Sub.	Présent	Imparfait	Passé Composé	Futur	Conditionnel	Subjonctif
je (j')	m'écrase	m'écrasais	me suis écrasé(e)	m'écraserai	m'écraserais	m'écrase
tu	t'écrases	t'écrasais	t'es écrasé(e)	t'écraseras	t'écraserais	t'écrases
il elle on	s'écrase	s'écrasait	s'est écrasé(e)	s'écrasera	s'écraserait	s'écrase
nous	nous écrasons	nous écrasions	nous sommes écrasé(e)s	nous écraserons	nous écraserions	nous écrasions
vous	vous écrasez	vous écrasiez	vous êtes écrasé(e)(s)	vous écraserez	vous écraseriez	vous écrasiez
ils elles	s'écrasent	s'écrasaient	se sont écrasé(e)s	s'écraseront	s'écraseraient	s'écrasent

Cyberdog s'écrase en plein dans les Beebots.

Cyberdog crashes right into the Beebots.

Il s'écrasera dans tous les Beebots qu'il verra.

He will crash through all the Beebots that he sees.

andyGARNICA

Sub.	Présent	Imparfait	Passé Composé	Futur	Conditionnel	Subjonctif
je (j')	écris	écrivais	ai écrit	écrirai	écrirais	écrive
tu	écris	écrivais	as écrit	écriras	écrirais	écrives
il elle on	écrit	écrivait	a écrit	écrira	écrirait	écrive
nous	écrivons	écrivions	avons écrit	écrirons	écririons	écrivions
vous	écrivez	écriviez	avez écrit	écrirez	écririez	écriviez
ils elles	écrivent	écrivaient	ont écrit	écriront	écriraient	écrivent

Il **écrit** des rédactions sur son ordinateur.

He writes essays on his computer.

Un jour j'**écrirai** mes mémoires.

One day I will write my memoirs.

embrasser

embrassant

andyGARNICA

Sub.	Présent	Imparfait	Passé Composé	Futur	Conditionnel	Subjonctif
je (j')	embrasse	embrassais	ai embrassé	embrasserai	embrasserais	embrasse
tu	embrasses	embrassais	as embrassé	embrasseras	embrasserais	embrasses
il elle on	embrasse	embrassait	a embrassé	embrassera	embrasserait	embrasse
nous	embrassons	embrassions	avons embrassé	embrasserons	embrasserions	embrassions
vous	embrassez	embrassiez	avez embrassé	embrasserez	embrasseriez	embrassiez
ils elles	embrassent	embrassaient	ont embrassé	embrasseront	embrasseraient	embrassent

Tu **embrasses** comme ces filles dans les films.

J'ai failli m'évanouir quand Verbita m'**a embrassé**.

You kiss like those girls in the movies.

I almost fainted when Verbita kissed me.

38

Sub.	Présent	Imparfait	Passé Composé	Futur	Conditionnel	Subjonctif
je (j')	entends	entendais	ai entendu	entendrai	entendrais	entende
tu	entends	entendais	as entendu	entendras	entendrais	entendes
il elle on	entend	entendait	a entendu	entendra	entendrait	entende
nous	entendons	entendions	avons entendu	entendrons	entendrions	entendions
vous	entendez	entendiez	avez entendu	entendrez	entendriez	entendiez
ils elles	entendent	entendaient	ont entendu	entendront	entendraient	entendent

Nous entendons ces Beebots presque
tous les soirs de la semaine.

*We hear those Beebots nearly every
night of the week.*

J'ai entendu beaucoup de bruit venant
de la fête des Beebots.

*I heard a lot of noise coming from the
Beebot party.*

39

andyGARNICA

Sub.	Présent	Imparfait	Passé Composé	Futur	Conditionnel	Subjonctif
je (j')	entre	entrais	suis entré(e)	entrerai	entrerais	entre
tu	entres	entrais	es entré(e)	entreras	entrerais	entres
il elle on	entre	entrait	est entré(e)	entrera	entrerait	entre
nous	entrons	entrions	sommes entré(e)s	entrerons	entrerions	entrions
vous	entrez	entriez	êtes entré(e)(s)	entrerez	entreriez	entriez
ils elles	entrent	entraient	sont entré(e)s	entreront	entreraient	entrent

On **entre** quand le feu rouge passe au vert.

We enter as the red lights go green.

Ils **entraient** un à la fois.

They were entering one at a time.

Sub.	Présent	Imparfait	Passé Composé	Futur	Conditionnel	Subjonctif
je (j')	suis	étais	ai été	serai	serais	sois
tu	es	étais	as été	seras	serais	sois
il elle on	est	était	a été	sera	serait	soit
nous	sommes	étions	avons été	serons	serions	soyons
vous	êtes	étiez	avez été	serez	seriez	soyez
ils elles	sont	étaient	ont été	seront	seraient	soient

Silence! Verbito et je suis en train de réfléchir.

Quiet! Verbito and I am deep in thought.

Un jour tu seras une vedette.

One day you will be a star.

étudier

étudiant

andyGARNICA

Sub.	Présent	Imparfait	Passé Composé	Futur	Conditionnel	Subjonctif
je (j')	étudie	étudiais	ai étudié	étudierai	étudierais	étudie
tu	étudies	étudiais	as étudié	étudieras	étudierais	étudies
il elle on	étudie	étudiait	a étudié	étudiera	étudierait	étudie
nous	étudions	étudiions	avons étudié	étudierons	étudierions	étudiions
vous	étudiez	étudiiez	avez étudié	étudierez	étudieriez	étudiiez
ils elles	étudient	étudiaient	ont étudié	étudieront	étudieraient	étudient

Verbito et Beebot **étudient** à la maison.

Verbito and a Beebot are studying at home.

J'**étudierai** ce soir pour l'examen de demain.

I will study tonight for tomorrow's test.

andyGARNICA

Sub.	Présent	Imparfait	Passé Composé	Futur	Conditionnel	Subjonctif
je (j')	évalue	évaluais	ai évalué	évaluerai	évaluerais	évalue
tu	évalues	évaluais	as évalué	évalueras	évaluerais	évalues
il elle on	évalue	évaluait	a évalué	évaluera	évaluerait	évalue
nous	évaluons	évaluions	avons évalué	évaluerons	évaluerions	évaluions
vous	évaluez	évaluiez	avez évalué	évaluerez	évalueriez	évaluiez
ils elles	évaluent	évaluaient	ont évalué	évalueront	évalueraient	évaluent

Nous **évaluons** cette machine ensemble.

We are testing this machine together.

Tu l'**évaluais** pour voir si ça produisait un choc.

You were testing to see if it produces a shock.

faire

to do, make

fais! / faites!

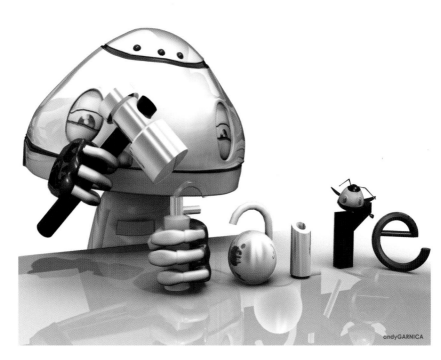

Sub.	Présent	Imparfait	Passé Composé	Futur	Conditionnel	Subjonctif
je (j')	fais	faisais	ai fait	ferai	ferais	fasse
tu	fais	faisais	as fait	feras	ferais	fasses
il elle on	fait	faisait	a fait	fera	ferait	fasse
nous	faisons	faisions	avons fait	ferons	ferions	fassions
vous	faites	faisiez	avez fait	ferez	feriez	fassiez
ils elles	font	faisaient	ont fait	feront	feraient	fassent

Je **fais** des choses avec mes mains.

I make things with my hands.

Nous en **ferons** quelques-uns de plus la semaine prochaine.

We will make a few more next week.

andyGARNICA

Sub.	Présent	Imparfait	Passé Composé	Futur	Conditionnel	Subjonctif
je (j')	ferme	fermais	ai fermé	fermerai	fermerais	ferme
tu	fermes	fermais	as fermé	fermeras	fermerais	fermes
il elle on	ferme	fermait	a fermé	fermera	fermerait	ferme
nous	fermons	fermions	avons fermé	fermerons	fermerions	fermions
vous	fermez	fermiez	avez fermé	fermerez	fermeriez	fermiez
ils elles	ferment	fermaient	ont fermé	fermeront	fermeraient	ferment

Verbito **ferme** la porte de sa voiture avant de rentrer à la maison.

Verbito closes the car door before going home.

J'**ai fermé** ma voiture pour la garder propre à l'intérieur.

I closed my car to keep it clean inside.

45

filmer

filmant

andyGARNICA

Sub.	Présent	Imparfait	Passé Composé	Futur	Conditionnel	Subjonctif
je (j')	filme	filmais	ai filmé	filmerai	filmerais	filme
tu	filmes	filmais	as filmé	filmeras	filmerais	filmes
il elle on	filme	filmait	a filmé	filmera	filmerait	filme
nous	filmons	filmions	avons filmé	filmerons	filmerions	filmions
vous	filmez	filmiez	avez filmé	filmerez	filmeriez	filmiez
ils elles	filment	filmaient	ont filmé	filmeront	filmeraient	filment

Il accentue son jeu quand je **filme**.

He plays up when I am recording.

Nous **avons filmé** chacun de ses mouvements.

We recorded every move he made.

to finish

finir

finissant

Sub.	Présent	Imparfait	Passé Composé	Futur	Conditionnel	Subjonctif
je (j')	finis	finissais	ai fini	finirai	finirais	finisse
tu	finis	finissais	as fini	finiras	finirais	finisses
il elle on	finit	finissait	a fini	finira	finirait	finisse
nous	finissons	finissions	avons fini	finirons	finirions	finissions
vous	finissez	finissiez	avez fini	finirez	finiriez	finissiez
ils elles	finissent	finissaient	ont fini	finiront	finiraient	finissent

Je **finis** toutes mes courses d'un sprint.

I finish all my races with a sprint.

Ils **ont fini** en temps record.

They have finished in record time.

gagner
gagnant

Sub.	Présent	Imparfait	Passé Composé	Futur	Conditionnel	Subjonctif
je (j')	gagne	gagnais	ai gagné	gagnerai	gagnerais	gagne
tu	gagnes	gagnais	as gagné	gagneras	gagnerais	gagnes
il elle on	gagne	gagnait	a gagné	gagnera	gagnerait	gagne
nous	gagnons	gagnions	avons gagné	gagnerons	gagnerions	gagnions
vous	gagnez	gagniez	avez gagné	gagnerez	gagneriez	gagniez
ils elles	gagnent	gagnaient	ont gagné	gagneront	gagneraient	gagnent

Il **gagne** à chaque fois puisque sa tante dirige le comité de sélection.

He wins every time because his aunt runs the selection committee.

J'**ai gagné** le prix du "Robot de l'Année" deux fois de suite.

I have won the "Robot of the Year" award twice in a row.

Sub.	Présent	Imparfait	Passé Composé	Futur	Conditionnel	Subjonctif
je (j')	goûte	goûtais	ai goûté	goûterai	goûterais	goûte
tu	goûtes	goûtais	as goûté	goûteras	goûterais	goûtes
il elle on	goûte	goûtait	a goûté	goûtera	goûterait	goûte
nous	goûtons	goûtions	avons goûté	goûterons	goûterions	goûtions
vous	goûtez	goûtiez	avez goûté	goûterez	goûteriez	goûtiez
ils elles	goûtent	goûtaient	ont goûté	goûteront	goûteraient	goûtent

Cyberdog **goûte** ces biscuits.

Cyberdog likes these cookies.

Tu **goûterais** un autre biscuit, n'est-ce pas?

You would like another cookie, wouldn't you?

grandir

grandissant

andyGARNICA

Sub.	Présent	Imparfait	Passé Composé	Futur	Conditionnel	Subjonctif
je (j')	grandis	grandissais	ai grandi	grandirai	grandirais	grandisse
tu	grandis	grandissais	as grandi	grandiras	grandirais	grandisses
il elle on	grandit	grandissait	a grandi	grandira	grandirait	grandisse
nous	grandissons	grandissions	avons grandi	grandirons	grandirions	grandissions
vous	grandissez	grandissiez	avez grandi	grandirez	grandiriez	grandissiez
ils elles	grandissent	grandissaient	ont grandi	grandiront	grandiraient	grandissent

Il **grandit** presque instantanément avec cette pilule.

He grows almost instantly with this pill.

Comme tu **as grandi**, Verbito!

How you have grown, Verbito!

andyGARNICA

Sub.	Présent	Imparfait	Passé Composé	Futur	Conditionnel	Subjonctif
je (j')	m'habille	m'habillais	me suis habillé(e)	m'habillerai	m'habillerais	m'habille
tu	t'habilles	t'habillais	t'es habillé(e)	t'habilleras	t'habillerais	t'habilles
il elle on	s'habille	s'habillait	s'est habillé(e)	s'habillera	s'habillerait	s'habille
nous	nous habillons	nous habillions	nous sommes habillé(e)s	nous habillerons	nous habillerions	nous habillions
vous	vous habillez	vous habilliez	vous êtes habillé(e)(s)	vous habillerez	vous habilleriez	vous habilliez
ils elles	s'habillent	s'habillaient	se sont habillé(e)s	s'habilleront	s'habilleraient	s'habillent

Tu t'habilles très élégamment.

You are getting dressed very elegantly.

Nous nous habillerons quand les invités arriveront.

We will get dressed when the guests arrive.

51

interdire

to forbid, prohibit

interdisant

interdis! / interdisez!

andyGARNICA

Sub.	Présent	Imparfait	Passé Composé	Futur	Conditionnel	Subjonctif
je (j')	interdis	interdisais	ai interdit	interdirai	interdirais	interdise
tu	interdis	interdisais	as interdit	interdiras	interdirais	interdises
il elle on	interdit	interdisait	a interdit	interdira	interdirait	interdise
nous	interdisons	interdisions	avons interdit	interdirons	interdirions	interdisions
vous	interdisez	interdisiez	avez interdit	interdirez	interdiriez	interdisiez
ils elles	interdisent	interdisaient	ont interdit	interdiront	interdiraient	interdisent

Le panneau nous **interdit** d'entrer.

The sign forbids us from entering.

Nous t' **avons interdit** de sauter.

We have forbidden you from jumping.

52

Sub.	Présent	Imparfait	Passé Composé	Futur	Conditionnel	Subjonctif
je (j')	joue	jouais	ai joué	jouerai	jouerais	joue
tu	joues	jouais	as joué	joueras	jouerais	joues
il elle on	joue	jouait	a joué	jouera	jouerait	joue
nous	jouons	jouions	avons joué	jouerons	jouerions	jouions
vous	jouez	jouiez	avez joué	jouerez	joueriez	jouiez
ils elles	jouent	jouaient	ont joué	joueront	joueraient	jouent

Il joue à des jeux toute la journée, chaque jour.

He plays games all day, every day.

Tu as joué au même jeu dix fois de suite.

You played this same game ten times in a row.

lire

lisant

Sub.	Présent	Imparfait	Passé Composé	Futur	Conditionnel	Subjonctif
je (j')	lis	lisais	ai lu	lirai	lirais	lise
tu	lis	lisais	as lu	liras	lirais	lises
il elle on	lit	lisait	a lu	lira	lirait	lise
nous	lisons	lisions	avons lu	lirons	lirions	lisions
vous	lisez	lisiez	avez lu	lirez	liriez	lisiez
ils elles	lisent	lisaient	ont lu	liront	liraient	lisent

Nous **lisons** de gros livres ensemble.

We read big, fat books together.

Je **lirai** cette page et tu lis la suivante.

I will read this page and you read the next.

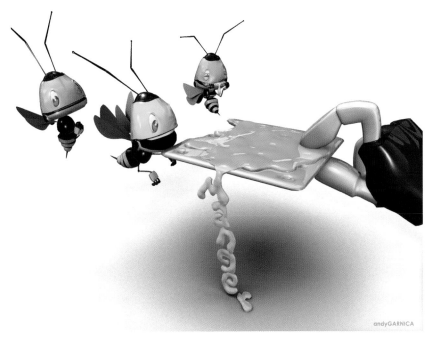

Sub.	Présent	Imparfait	Passé Composé	Futur	Conditionnel	Subjonctif
je (j')	mange	mangeais	ai mangé	mangerai	mangerais	mange
tu	manges	mangeais	as mangé	mangeras	mangerais	manges
il elle on	mange	mangeait	a mangé	mangera	mangerait	mange
nous	mangeons	mangions	avons mangé	mangerons	mangerions	mangions
vous	mangez	mangiez	avez mangé	mangerez	mangeriez	mangiez
ils elles	mangent	mangeaient	ont mangé	mangeront	mangeraient	mangent

Les Beebots **mangent** tout ce qu'ils voient.

Beebots eat whatever they see.

Tu **as mangé** le biscuit entier tout seul.

You ate the whole biscuit yourself.

marcher
to walk, work (apparatus)

marchant

marche! / marchez!

andyGARNICA

Sub.	Présent	Imparfait	Passé Composé	Futur	Conditionnel	Subjonctif
je (j')	marche	marchais	ai marché	marcherai	marcherais	marche
tu	marches	marchais	as marché	marcheras	marcherais	marches
il elle on	marche	marchait	a marché	marchera	marcherait	marche
nous	marchons	marchions	avons marché	marcherons	marcherions	marchions
vous	marchez	marchiez	avez marché	marcherez	marcheriez	marchiez
ils elles	marchent	marchaient	ont marché	marcheront	marcheraient	marchent

Je **marche** une demi-heure après avoir dîné.

I walk for a half an hour after eating dinner.

Tu **as marché** à la fête.

You walked to the party.

Sub.	Présent	Imparfait	Passé Composé	Futur	Conditionnel	Subjonctif
je (j')	me marie	me mariais	me suis marié(e)	me marierai	me marierais	me marie
tu	te maries	te mariais	t'es marié(e)	te marieras	te marierais	te maries
il elle on	se marie	se mariait	s'est marié(e)	se mariera	se marierait	se marie
nous	nous marions	nous mariions	nous sommes marié(e)s	nous marierons	nous marierions	nous mariions
vous	vous mariez	vous mariiez	vous êtes marié(e)(s)	vous marierez	vous marieriez	vous mariiez
ils elles	se marient	se mariaient	se sont marié(e)s	se marieront	se marieraient	se marient

Verbito et Verbita se marient.

Verbito and Verbita are getting married.

Tu te marieras si tu appuies sur ce bouton.

You will get married by pressing this button.

57

mentir

mentant

Sub.	Présent	Imparfait	Passé Composé	Futur	Conditionnel	Subjonctif
je (j')	mens	mentais	ai menti	mentirai	mentirais	mente
tu	mens	mentais	as menti	mentiras	mentirais	mentes
il elle on	ment	mentait	a menti	mentira	mentirait	mente
nous	mentons	mentions	avons menti	mentirons	mentirions	mentions
vous	mentez	mentiez	avez menti	mentirez	mentiriez	mentiez
ils elles	mentent	mentaient	ont menti	mentiront	mentiraient	mentent

Tu mens à propos de ces fleurs.

You are lying about those flowers.

J'ai menti et me suis senti horrible après.

I lied, and then I felt terrible afterward.

mettre

mettant

andyGARNICA

Sub.	Présent	Imparfait	Passé Composé	Futur	Conditionnel	Subjonctif
je (j')	mets	mettais	ai mis	mettrai	mettrais	mette
tu	mets	mettais	as mis	mettras	mettrais	mettes
il elle on	met	mettait	a mis	mettra	mettrait	mette
nous	mettons	mettions	avons mis	mettrons	mettrions	mettions
vous	mettez	mettiez	avez mis	mettrez	mettriez	mettiez
ils elles	mettent	mettaient	ont mis	mettront	mettraient	mettent

Il met de l'argent de côté pour quand il en aura besoin.

He puts some money away for when he will need it.

Tu as mis beaucoup de monnaie là-dedans.

You have put a lot of change in there.

montrer

montrant   montre! / montrez!

andyGARNICA

Sub.	Présent	Imparfait	Passé Composé	Futur	Conditionnel	Subjonctif
je (j')	montre	montrais	ai montré	montrerai	montrerais	montre
tu	montres	montrais	as montré	montreras	montrerais	montres
il elle on	montre	montrait	a montré	montrera	montrerait	montre
nous	montrons	montrions	avons montré	montrerons	montrerions	montrions
vous	montrez	montriez	avez montré	montrerez	montreriez	montriez
ils elles	montrent	montraient	ont montré	montreront	montreraient	montrent

Je vous montre mon nouveau meilleur ami.

I am showing you my new best friend.

Tu m'en as assez montré pour aujourd'hui, Verbito!

You have shown me enough for one day, Verbito!

60

Sub.	Présent	Imparfait	Passé Composé	Futur	Conditionnel	Subjonctif
je (j')	nage	nageais	ai nagé	nagerai	nagerais	nage
tu	nages	nageais	as nagé	nageras	nagerais	nages
il elle on	nage	nageait	a nagé	nagera	nagerait	nage
nous	nageons	nagions	avons nagé	nagerons	nagerions	nagions
vous	nagez	nagiez	avez nagé	nagerez	nageriez	nagiez
ils elles	nagent	nageaient	ont nagé	nageront	nageraient	nagent

Les poissons nagent autour de moi.

Fish are swimming all around me.

Tu nageras tous les jours durant ces vacances.

You will swim daily on this vacation.

61

Sub.	Présent	Imparfait	Passé Composé	Futur	Conditionnel	Subjonctif
je (j')	nettoie	nettoyais	ai nettoyé	nettoierai	nettoierais	nettoie
tu	nettoies	nettoyais	as nettoyé	nettoieras	nettoierais	nettoies
il elle on	nettoie	nettoyait	a nettoyé	nettoiera	nettoierait	nettoie
nous	nettoyons	nettoyions	avons nettoyé	nettoierons	nettoierions	nettoyions
vous	nettoyez	nettoyiez	avez nettoyé	nettoierez	nettoieriez	nettoyiez
ils elles	nettoient	nettoyaient	ont nettoyé	nettoieront	nettoieraient	nettoient

Vous **nettoyez** ensemble en équipe.

J'**ai nettoyé** les fenêtres et les portes.

You are cleaning together as a team.

I have cleaned the windows and doors.

Sub.	Présent	Imparfait	Passé Composé	Futur	Conditionnel	Subjonctif
je (j')	organise	organisais	ai organisé	organiserai	organiserais	organise
tu	organises	organisais	as organisé	organiseras	organiserais	organises
il elle on	organise	organisait	a organisé	organisera	organiserait	organise
nous	organisons	organisions	avons organisé	organiserons	organiserions	organisions
vous	organisez	organisiez	avez organisé	organiserez	organiseriez	organisiez
ils elles	organisent	organisaient	ont organisé	organiseront	organiseraient	organisent

Nous organisons nos dossiers aussi soigneusement que possible.

We organize our files as neatly as possible.

Ils ont été impressionnés par la façon dont tu as organisé tes dossiers.

They were impressed by how you have organized your documents.

oublier

oubliant

oublie! / oubliez!

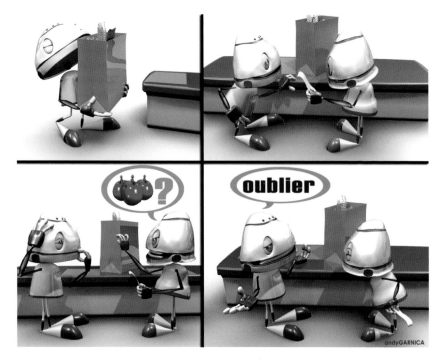

Sub.	Présent	Imparfait	Passé Composé	Futur	Conditionnel	Subjonctif
je (j')	oublie	oubliais	ai oublié	oublierai	oublierais	oublie
tu	oublies	oubliais	as oublié	oublieras	oublierais	oublies
il elle on	oublie	oubliait	a oublié	oubliera	oublierait	oublie
nous	oublions	oubliions	avons oublié	oublierons	oublierions	oubliions
vous	oubliez	oubliiez	avez oublié	oublierez	oublieriez	oubliiez
ils elles	oublient	oubliaient	ont oublié	oublieront	oublieraient	oublient

N'oublies-tu pas quelque chose, chéri?

Are you forgetting something, dear?

Nous avons oublié la glace!

We have forgotten the ice cream!

64

to open ouvrir

ouvre! / ouvrez!

ouvrant

andyGARNICA

Sub.	Présent	Imparfait	Passé Composé	Futur	Conditionnel	Subjonctif
je (j')	ouvre	ouvrais	ai ouvert	ouvrirai	ouvrirais	ouvre
tu	ouvres	ouvrais	as ouvert	ouvriras	ouvrirais	ouvres
il elle on	ouvre	ouvrait	a ouvert	ouvrira	ouvrirait	ouvre
nous	ouvrons	ouvrions	avons ouvert	ouvrirons	ouvririons	ouvrions
vous	ouvrez	ouvriez	avez ouvert	ouvrirez	ouvririez	ouvriez
ils elles	ouvrent	ouvraient	ont ouvert	ouvriront	ouvriraient	ouvrent

Verbito **ouvre** sa cannette d'un seul doigt.

Verbito opens his drink with just one finger.

Je t'en **ouvrirais** bien une, mais c'est ma dernière.

I would open one for you but this is my last one.

65

parler

to speak, talk

parle! / parlez!

Sub.	Présent	Imparfait	Passé Composé	Futur	Conditionnel	Subjonctif
je (j')	parle	parlais	ai parlé	parlerai	parlerais	parle
tu	parles	parlais	as parlé	parleras	parlerais	parles
il elle on	parle	parlait	a parlé	parlera	parlerait	parle
nous	parlons	parlions	avons parlé	parlerons	parlerions	parlions
vous	parlez	parliez	avez parlé	parlerez	parleriez	parliez
ils elles	parlent	parlaient	ont parlé	parleront	parleraient	parlent

J'épate mon public lorsque je parle.

I amaze my audience when I talk.

Nous parlions de ton chapeau, Verbito.

We were talking about your hat, Verbito.

Sub.	Présent	Imparfait	Passé Composé	Futur	Conditionnel	Subjonctif
je (j')	paie (paye)	payais	ai payé	paierai (payerai)	paierais (payerais)	paie (paye)
tu	paies (payes)	payais	as payé	paieras (payeras)	paierais (payerais)	paies (payes)
il elle on	paie (paye)	payait	a payé	paiera (payera)	paierait (payerait)	paie (paye)
nous	payons	payions	avons payé	paierons (payerons)	paierions (payerions)	payions
vous	payez	payiez	avez payé	paierez (payerez)	paieriez (payeriez)	payiez
ils elles	paient (payent)	payaient	ont payé	paieront (payeront)	paieraient (payeraient)	paient (payent)

Je **paie** par carte de crédit.

I am paying by credit card.

Ils **ont payé** avant de quitter le magasin.

They paid before leaving the store.

se peigner

se peignant

peigne-toi! / peignez-vous!

Sub.	Présent	Imparfait	Passé Composé	Futur	Conditionnel	Subjonctif
je (j')	me peigne	me peignais	me suis peigné(e)	me peignerai	me peignerais	me peigne
tu	te peignes	te peignais	t'es peigné(e)	te peigneras	te peignerais	te peignes
il elle on	se peigne	se peignait	s'est peigné(e)	se peignera	se peignerait	se peigne
nous	nous peignons	nous peignions	nous sommes peigné(e)s	nous peignerons	nous peignerions	nous peignions
vous	vous peignez	vous peigniez	vous êtes peigné(e)(s)	vous peignerez	vous peigneriez	vous peigniez
ils elles	se peignent	se peignaient	se sont peigné(e)s	se peigneront	se peigneraient	se peignent

Je te **peigne** les cheveux pour la fête.

I am combing your hair for the party.

Nous **nous peignerons** encore les cheveux la semaine prochaine.

We will comb our hair again next week.

to paint   peindre

peins! / peignez!   peignant

Sub.	Présent	Imparfait	Passé Composé	Futur	Conditionnel	Subjonctif
je (j')	peins	peignais	ai peint	peindrai	peindrais	peigne
tu	peins	peignais	as peint	peindras	peindrais	peignes
il elle on	peint	peignait	a peint	peindra	peindrait	peigne
nous	peignons	peignions	avons peint	peindrons	peindrions	peignions
vous	peignez	peigniez	avez peint	peindrez	peindriez	peigniez
ils elles	peignent	peignaient	ont peint	peindront	peindraient	peignent

Verbito se salit quand il **peint**.   Tu **as peint** un chef-d'œuvre.

Verbito gets messy when he paints.   *You have painted a masterpiece.*

penser

pensant

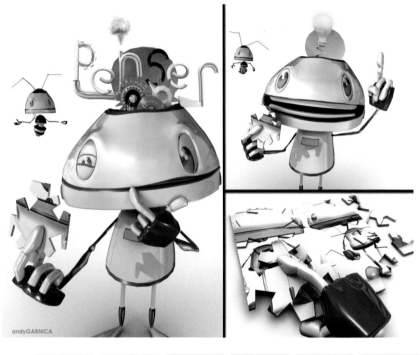

Sub.	Présent	Imparfait	Passé Composé	Futur	Conditionnel	Subjonctif
je (j')	pense	pensais	ai pensé	penserai	penserais	pense
tu	penses	pensais	as pensé	penseras	penserais	penses
il elle on	pense	pensait	a pensé	pensera	penserait	pense
nous	pensons	pensions	avons pensé	penserons	penserions	pensions
vous	pensez	pensiez	avez pensé	penserez	penseriez	pensiez
ils elles	pensent	pensaient	ont pensé	penseront	penseraient	pensent

Il **pense** que ça rentre là.

He thinks it fits right here.

J'**ai pensé** à ce que l'on pourrait faire.

I have thought about what we could do.

andyGARNICA

Sub.	Présent	Imparfait	Passé Composé	Futur	Conditionnel	Subjonctif
je (j')	perds	perdais	ai perdu	perdrai	perdrais	perde
tu	perds	perdais	as perdu	perdras	perdrais	perdes
il elle on	perd	perdait	a perdu	perdra	perdrait	perde
nous	perdons	perdions	avons perdu	perdrons	perdrions	perdions
vous	perdez	perdiez	avez perdu	perdrez	perdriez	perdiez
ils elles	perdent	perdaient	ont perdu	perdront	perdraient	perdent

C'est dur de la voir si triste quand elle **perd** son chien.

It is hard to see her so sad when she loses her dog.

Nous ne **perdrons** jamais espoir de le retrouver.

We will never lose hope of finding him.

pleuvoir
pleuvant

Sub.	Présent	Imparfait	Passé Composé	Futur	Conditionnel	Subjonctif
il	pleut	pleuvait	a plu	pleuvra	pleuvrait	pleuve

Cyberdog, il **pleut** très fort aujourd'hui!

Cyberdog, it is raining heavily today!

Penses-tu qu'il **pleuvra** aussi demain?

Do you think it will rain tomorrow too?

Sub.	Présent	Imparfait	Passé Composé	Futur	Conditionnel	Subjonctif
je (j')	polis	polissais	ai poli	polirai	polirais	polisse
tu	polis	polissais	as poli	poliras	polirais	polisses
il elle on	polit	polissait	a poli	polira	polirait	polisse
nous	polissons	polissions	avons poli	polirons	polirions	polissions
vous	polissez	polissiez	avez poli	polirez	poliriez	polissiez
ils elles	polissent	polissaient	ont poli	poliront	poliraient	polissent

Nous **polissons** leurs têtes pour les faire briller.

We polish their heads to make them shiny.

Tu **poliras** quelques Beebots avant qu'ils s'en aillent.

You will polish a couple of Beebots before they set off.

73

porter

to carry, bring, wear

portant

Sub.	Présent	Imparfait	Passé Composé	Futur	Conditionnel	Subjonctif
je (j')	porte	portais	ai porté	porterai	porterais	porte
tu	portes	portais	as porté	porteras	porterais	portes
il elle on	porte	portait	a porté	portera	porterait	porte
nous	portons	portions	avons porté	porterons	porterions	portions
vous	portez	portiez	avez porté	porterez	porteriez	portiez
ils elles	portent	portaient	ont porté	porteront	porteraient	portent

Je te **porte** aujourd'hui.

I am carrying you around today.

Nous t'**avons** assez **porté**.

We have carried you enough.

pouvoir
pouvant

Sub.	Présent	Imparfait	Passé Composé	Futur	Conditionnel	Subjonctif
je (j')	peux (puis)	pouvais	ai pu	pourrai	pourrais	puisse
tu	peux	pouvais	as pu	pourras	pourrais	puisses
il elle on	peut	pouvait	a pu	pourra	pourrait	puisse
nous	pouvons	pouvions	avons pu	pourrons	pourrions	puissions
vous	pouvez	pouviez	avez pu	pourrez	pourriez	puissiez
ils elles	peuvent	pouvaient	ont pu	pourront	pourraient	puissent

Peux-tu apprendre de nouveaux tours, Cyberdog?

Are you able to learn new tricks, Cyberdog?

Je ne pourrai pas faire de balade plus tard.

I will not be able to go for a walk later.

réaliser

réalisant

to direct, carry out

réalise! / réalisez!

andyGARNICA

Sub.	Présent	Imparfait	Passé Composé	Futur	Conditionnel	Subjonctif
je (j')	réalise	réalisais	ai réalisé	réaliserai	réaliserais	réalise
tu	réalises	réalisais	as réalisé	réaliseras	réaliserais	réalises
il elle on	réalise	réalisait	a réalisé	réalisera	réaliserait	réalise
nous	réalisons	réalisions	avons réalisé	réaliserons	réaliserions	réalisions
vous	réalisez	réalisiez	avez réalisé	réaliserez	réaliseriez	réalisiez
ils elles	réalisent	réalisaient	ont réalisé	réaliseront	réaliseraient	réalisent

Tu **réalises** le tout de là-bas.

You direct everything from there.

Il **a réalisé** le projet avec eux.

He directed the project with them.

to receive

reçois! / recevez!

recevoir

recevant

Sub.	Présent	Imparfait	Passé Composé	Futur	Conditionnel	Subjonctif
je (j')	reçois	recevais	ai reçu	recevrai	recevrais	reçoive
tu	reçois	recevais	as reçu	recevras	recevrais	reçoives
il elle on	reçoit	recevait	a reçu	recevra	recevrait	reçoive
nous	recevons	recevions	avons reçu	recevrons	recevrions	recevions
vous	recevez	receviez	avez reçu	recevrez	recevriez	receviez
ils elles	reçoivent	recevaient	ont reçu	recevront	recevraient	reçoivent

Nous recevons des cadeaux lors des grandes occasions.

We receive gifts on special occasions.

Verbita a reçu une grande surprise aujourd'hui.

Verbita received a big surprise today.

regarder
regardant

Sub.	Présent	Imparfait	Passé Composé	Futur	Conditionnel	Subjonctif
je (j')	regarde	regardais	ai regardé	regarderai	regarderais	regarde
tu	regardes	regardais	as regardé	regarderas	regarderais	regardes
il elle on	regarde	regardait	a regardé	regardera	regarderait	regarde
nous	regardons	regardions	avons regardé	regarderons	regarderions	regardions
vous	regardez	regardiez	avez regardé	regarderez	regarderiez	regardiez
ils elles	regardent	regardaient	ont regardé	regarderont	regarderaient	regardent

Nous **regardons** toutes les issues et les portes de cette pièce.

We watch all exits and doors from this room.

Je **regarderai** de près pour repérer toute activité suspecte.

I will watch closely to spot any suspicious activity.

78

réparer

réparant

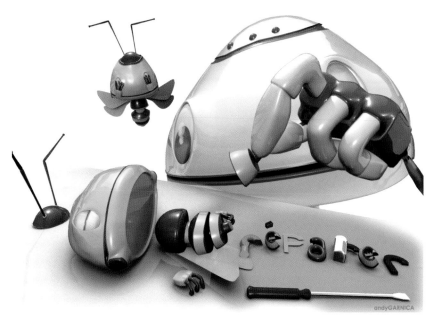

Sub.	Présent	Imparfait	Passé Composé	Futur	Conditionnel	Subjonctif
je (j')	répare	réparais	ai réparé	réparerai	réparerais	répare
tu	répares	réparais	as réparé	répareras	réparerais	répares
il elle on	répare	réparait	a réparé	réparera	réparerait	répare
nous	réparons	réparions	avons réparé	réparerons	réparerions	réparions
vous	réparez	répariez	avez réparé	réparerez	répareriez	répariez
ils elles	réparent	réparaient	ont réparé	répareront	répareraient	réparent

Ils **réparent** les Beebots dans cet atelier.

They repair Beebots in this workshop.

Nous **réparerions** plus si nous avions le personnel.

We would repair more if we had the staff.

retenir

retenant

retiens! / retenez!

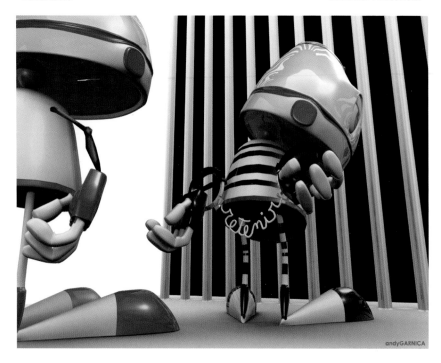

Sub.	Présent	Imparfait	Passé Composé	Futur	Conditionnel	Subjonctif
je (j')	retiens	retenais	ai retenu	retiendrai	retiendrais	retienne
tu	retiens	retenais	as retenu	retiendras	retiendrais	retiennes
il elle on	retient	retenait	a retenu	retiendra	retiendrait	retienne
nous	retenons	retenions	avons retenu	retiendrons	retiendrions	retenions
vous	retenez	reteniez	avez retenu	retiendrez	retiendriez	reteniez
ils elles	retiennent	retenaient	ont retenu	retiendront	retiendraient	retiennent

Je **retiens** quelqu'un ici tous les jours.

I arrest someone here every day.

Ils **retiendront** tous les suspects ce soir.

They will arrest all the suspects tonight.

se réveiller

se réveillant

Sub.	Présent	Imparfait	Passé Composé	Futur	Conditionnel	Subjonctif
je (j')	me réveille	me réveillais	me suis réveillé(e)	me réveillerai	me réveillerais	me réveille
tu	te réveilles	te réveillais	t'es réveillé(e)	te réveilleras	te réveillerais	te réveilles
il elle on	se réveille	se réveillait	s'est réveillé(e)	se réveillera	se réveillerait	se réveille
nous	nous réveillons	nous réveillions	nous sommes réveillé(e)s	nous réveillerons	nous réveillerions	nous réveillions
vous	vous réveillez	vous réveilliez	vous êtes réveillé(e)(s)	vous réveillerez	vous réveilleriez	vous réveilliez
ils elles	se réveillent	se réveillaient	se sont réveillé(e)s	se réveilleront	se réveilleraient	se réveillent

Tu **te réveilles** à 7h10 tous les matins.

You wake up at seven ten every morning.

Il **se réveillera** plus tôt demain parce qu'il va sur une autre planète.

He will wake up earlier tomorrow because he's going to another planet.

revenir

to return, come back

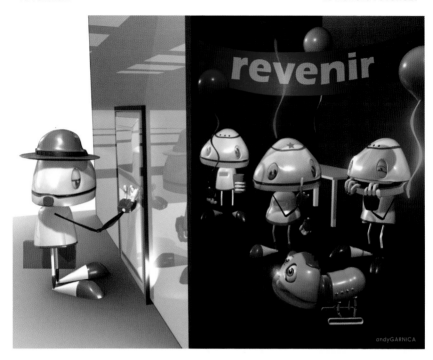

Sub.	Présent	Imparfait	Passé Composé	Futur	Conditionnel	Subjonctif
je (j')	reviens	revenais	suis revenu(e)	reviendrai	reviendrais	revienne
tu	reviens	revenais	es revenu(e)	reviendras	reviendrais	reviennes
il elle on	revient	revenait	est revenu(e)	reviendra	reviendrait	revienne
nous	revenons	revenions	sommes revenu(e)s	reviendrons	reviendrions	revenions
vous	revenez	reveniez	êtes revenu(e)(s)	reviendrez	reviendriez	reveniez
ils elles	reviennent	revenaient	sont revenu(e)s	reviendront	reviendraient	reviennent

Je **reviens** à la maison pour faire face aux conséquences.

I am returning home to face the consequences.

Il **reviendrait** plus tôt s'il savait qu'on faisait la fête.

He would return earlier if he knew we were having a party.

82

andyGARNICA

Sub.	Présent	Imparfait	Passé Composé	Futur	Conditionnel	Subjonctif
je (j')	rêve	rêvais	ai rêvé	rêverai	rêverais	rêve
tu	rêves	rêvais	as rêvé	rêveras	rêverais	rêves
il elle on	rêve	rêvait	a rêvé	rêvera	rêverait	rêve
nous	rêvons	rêvions	avons rêvé	rêverons	rêverions	rêvions
vous	rêvez	rêviez	avez rêvé	rêverez	rêveriez	rêviez
ils elles	rêvent	rêvaient	ont rêvé	rêveront	rêveraient	rêvent

Laisse-moi tranquille, je **rêve**.

Leave me alone, I am dreaming.

Ils **ont rêvé** toutes les nuits cette semaine.

They have dreamed every night this week.

saluer

saluant

to wave, greet

salue! / saluez!

Sub.	Présent	Imparfait	Passé Composé	Futur	Conditionnel	Subjonctif
je (j')	salue	saluais	ai salué	saluerai	saluerais	salue
tu	salues	saluais	as salué	salueras	saluerais	salues
il elle on	salue	saluait	a salué	saluera	saluerait	salue
nous	saluons	saluions	avons salué	saluerons	saluerions	saluions
vous	saluez	saluiez	avez salué	saluerez	salueriez	saluiez
ils elles	saluent	saluaient	ont salué	salueront	salueraient	saluent

Il **salue** la foule de ses admirateurs.

He waves at the crowd of his adoring fans.

La foule hystérique **a salué** et crié.

The hysterical crowd waved and screamed.

Sub.	Présent	Imparfait	Passé Composé	Futur	Conditionnel	Subjonctif
je (j')	saute	sautais	ai sauté	sauterai	sauterais	saute
tu	sautes	sautais	as sauté	sauteras	sauterais	sautes
il elle on	saute	sautait	a sauté	sautera	sauterait	saute
nous	sautons	sautions	avons sauté	sauterons	sauterions	sautions
vous	sautez	sautiez	avez sauté	sauterez	sauteriez	sautiez
ils elles	sautent	sautaient	ont sauté	sauteront	sauteraient	sautent

Ils **sautent** et s'amusent beaucoup.

They are jumping and having fun.

Il **a sauté** sur le trampoline en premier.

He jumped onto the trampoline first.

savoir

sachant

to know

sache! / sachez!

Sub.	Présent	Imparfait	Passé Composé	Futur	Conditionnel	Subjonctif
je (j')	sais	savais	ai su	saurai	saurais	sache
tu	sais	savais	as su	sauras	saurais	saches
il elle on	sait	savait	a su	saura	saurait	sache
nous	savons	savions	avons su	saurons	saurions	sachions
vous	savez	saviez	avez su	saurez	sauriez	sachiez
ils elles	savent	savaient	ont su	sauront	sauraient	sachent

Vous **savez** comment jouer.

You both know how to play.

Nous **saurons** qui est le gagnant très bientôt.

We will know the winner very soon.

séparer

séparant

andyGARNICA

Sub.	Présent	Imparfait	Passé Composé	Futur	Conditionnel	Subjonctif
je (j')	sépare	séparais	ai séparé	séparerai	séparerais	sépare
tu	sépares	séparais	as séparé	sépareras	séparerais	sépares
il elle on	sépare	séparait	a séparé	séparera	séparerait	sépare
nous	séparons	séparions	avons séparé	séparerons	séparerions	séparions
vous	séparez	sépariez	avez séparé	séparerez	sépareriez	sépariez
ils elles	séparent	séparaient	ont séparé	sépareront	sépareraient	séparent

Cet appareil **sépare** le jaune du bleu.

This device separates the yellow from the blue.

Nous **avons séparé** les couleurs avec succès.

We have separated the colo(u)rs successfully.

shooter

shootant

Sub.	Présent	Imparfait	Passé Composé	Futur	Conditionnel	Subjonctif
je (j')	shoote	shootais	ai shooté	shooterai	shooterais	shoote
tu	shootes	shootais	as shooté	shooteras	shooterais	shootes
il elle on	shoote	shootait	a shooté	shootera	shooterait	shoote
nous	shootons	shootions	avons shooté	shooterons	shooterions	shootions
vous	shootez	shootiez	avez shooté	shooterez	shooteriez	shootiez
ils elles	shootent	shootaient	ont shooté	shooteront	shooteraient	shootent

Verbito **shoote** le ballon de toutes ses forces.

Verbito kicks the ball with all his might.

Je **shootais** le ballon dans le park.

I was kicking the ball around the park.

sors! / sortez!

sortant

Sub.	Présent	Imparfait	Passé Composé	Futur	Conditionnel	Subjonctif
je (j')	sors	sortais	suis sorti(e)	sortirai	sortirais	sorte
tu	sors	sortais	es sorti(e)	sortiras	sortirais	sortes
il elle on	sort	sortait	est sorti(e)	sortira	sortirait	sorte
nous	sortons	sortions	sommes sorti(e)s	sortirons	sortirions	sortions
vous	sortez	sortiez	êtes sorti(e)(s)	sortirez	sortiriez	sortiez
ils elles	sortent	sortaient	sont sorti(e)s	sortiront	sortiraient	sortent

Je **sors** par un trou dans le plafond.

I am going out through a hole in the ceiling.

Il **est sorti** dès qu'il ait pu.

He went out as soon as he could.

89

se souvenir (de)

se souvenant

to remember

souviens-toi! / souvenez-vous!

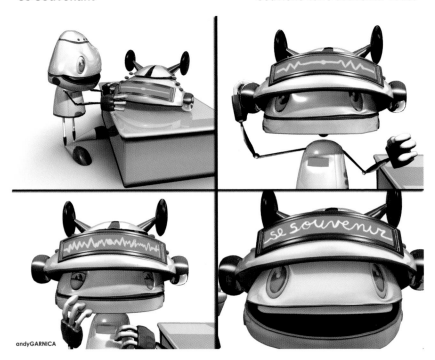

andyGARNICA

Sub.	Présent	Imparfait	Passé Composé	Futur	Conditionnel	Subjonctif
je (j')	me souviens	me souvenais	me suis souvenu(e)	me souviendrai	me souviendrais	me souvienne
tu	te souviens	te souvenais	t'es souvenu(e)	te souviendras	te souviendrais	te souviennes
il elle on	se souvient	se souvenait	s'est souvenu(e)	se souviendra	se souviendrait	se souvienne
nous	nous souvenons	nous souvenions	nous sommes souvenu(e)s	nous souviendrons	nous souviendrions	nous souvenions
vous	vous souvenez	vous souveniez	vous êtes souvenu(e)(s)	vous souviendrez	vous souviendriez	vous souveniez
ils elles	se souviennent	se souvenaient	se sont souvenu(e)s	se souviendront	se souviendraient	se souviennent

Je **me souviens** du jour où j'ai reçu ce cadeau.

I remember the day I received this gift.

À partir de maintenant, il **se souviendra** de tous les détails.

From now on, he will remember every detail.

90

andyGARNICA

Sub.	Présent	Imparfait	Passé Composé	Futur	Conditionnel	Subjonctif
je (j')	suis	suivais	ai suivi	suivrai	suivrais	suive
tu	suis	suivais	as suivi	suivras	suivrais	suives
il elle on	suit	suivait	a suivi	suivra	suivrait	suive
nous	suivons	suivions	avons suivi	suivrons	suivrions	suivions
vous	suivez	suiviez	avez suivi	suivrez	suivriez	suiviez
ils elles	suivent	suivaient	ont suivi	suivront	suivraient	suivent

Je suis les biscuits jusqu'à un certain point.

I follow the cookies only up to a point.

Il a suivi l'odeur pendant huit cent mètres.

He followed the scent for half a mile.

se taire
to be quiet

se taisant

tais-toi! / taisez-vous!

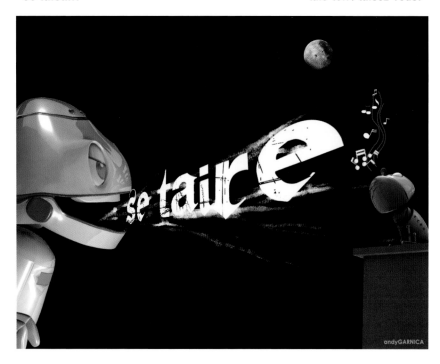

Sub.	Présent	Imparfait	Passé Composé	Futur	Conditionnel	Subjonctif
je (j')	me tais	me taisais	me suis tu(e)	me tairai	me tairais	me taise
tu	te tais	te taisais	t'es tu(e)	te tairas	te tairais	te taises
il elle on	se tait	se taisait	s'est tu(e)	se taira	se tairait	se taise
nous	nous taisons	nous taisions	nous sommes tu(e)s	nous tairons	nous tairions	nous taisions
vous	vous taisez	vous taisiez	vous êtes tu(e)(s)	vous tairez	vous tairiez	vous taisiez
ils elles	se taisent	se taisaient	se sont tu(e)s	se tairont	se tairaient	se taisent

D'habitude, il **se tait** à cette heure.

Usually, he is quiet around this time.

Tout le monde **se taira** de nouveau au lever du soleil.

Everyone will be quiet again at sunrise.

to fall

tombe! / tombez!

tomber

tombant

andyGARNICA

Sub.	Présent	Imparfait	Passé Composé	Futur	Conditionnel	Subjonctif
je (j')	tombe	tombais	suis tombé(e)	tomberai	tomberais	tombe
tu	tombes	tombais	es tombé(e)	tomberas	tomberais	tombes
il elle on	tombe	tombait	est tombé(e)	tombera	tomberait	tombe
nous	tombons	tombions	sommes tombé(e)s	tomberons	tomberions	tombions
vous	tombez	tombiez	êtes tombé(e)(s)	tomberez	tomberiez	tombiez
ils elles	tombent	tombaient	sont tombé(e)s	tomberont	tomberaient	tombent

Il tombe de sa chaise au moins une fois par jour.

He falls off his chair at least once a day.

Verbito! Tu es tombé ! Est-ce que ça va?

Verbito! You have fallen! Are you OK?

93

tourner

to turn

tournant

tourne! / tournez!

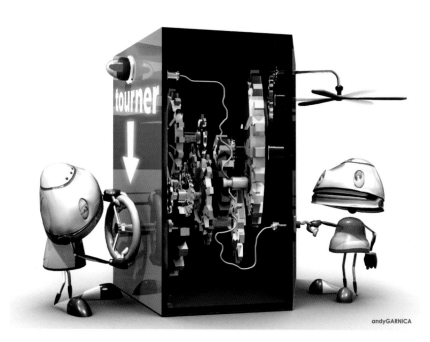

Sub.	Présent	Imparfait	Passé Composé	Futur	Conditionnel	Subjonctif
je (j')	tourne	tournais	ai tourné	tournerai	tournerais	tourne
tu	tournes	tournais	as tourné	tourneras	tournerais	tournes
il elle on	tourne	tournait	a tourné	tournera	tournerait	tourne
nous	tournons	tournions	avons tourné	tournerons	tournerions	tournions
vous	tournez	tourniez	avez tourné	tournerez	tourneriez	tourniez
ils elles	tournent	tournaient	ont tourné	tourneront	tourneraient	tournent

D'abord, une roue tourne, puis le moteur rugit.

First, a wheel turns and then the engine roars.

Les roues tourneront et le mécanisme se mettra en marche.

The wheels will turn and the mechanism will spring into action.

94

andyGARNICA

Sub.	Présent	Imparfait	Passé Composé	Futur	Conditionnel	Subjonctif
je (j')	trébuche	trébuchais	ai trébuché	trébucherai	trébucherais	trébuche
tu	trébuches	trébuchais	as trébuché	trébucheras	trébucherais	trébuches
il elle on	trébuche	trébuchait	a trébuché	trébuchera	trébucherait	trébuche
nous	trébuchons	trébuchions	avons trébuché	trébucherons	trébucherions	trébuchions
vous	trébuchez	trébuchiez	avez trébuché	trébucherez	trébucheriez	trébuchiez
ils elles	trébuchent	trébuchaient	ont trébuché	trébucheront	trébucheraient	trébuchent

Je **trébuche** sur le même fil à chaque fois.

I trip over the same wire every time.

Tu **trébucheras** si tu ne fais pas attention.

You will trip if you don't watch out.

trouver

trouvant

trouve! / trouvez!

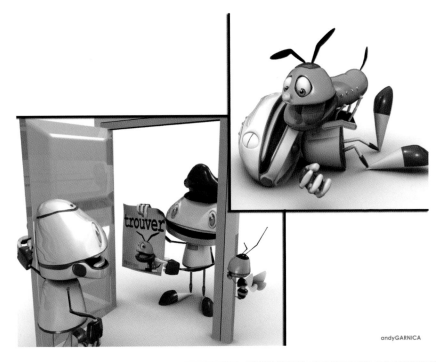

andyGARNICA

Sub.	Présent	Imparfait	Passé Composé	Futur	Conditionnel	Subjonctif
je (j')	trouve	trouvais	ai trouvé	trouverai	trouverais	trouve
tu	trouves	trouvais	as trouvé	trouveras	trouverais	trouves
il elle on	trouve	trouvait	a trouvé	trouvera	trouverait	trouve
nous	trouvons	trouvions	avons trouvé	trouverons	trouverions	trouvions
vous	trouvez	trouviez	avez trouvé	trouverez	trouveriez	trouviez
ils elles	trouvent	trouvaient	ont trouvé	trouveront	trouveraient	trouvent

Nous **trouvons** beaucoup de chiens perdus endormis sous un arbre.

We find many lost dogs asleep under a tree.

Nous l'**avons** enfin **trouvé**!

We have found him at last!

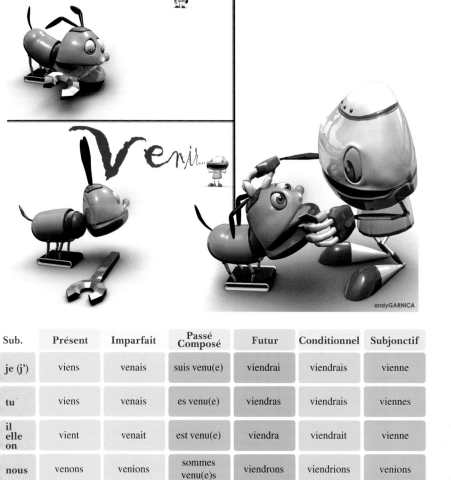

Sub.	Présent	Imparfait	Passé Composé	Futur	Conditionnel	Subjonctif
je (j')	viens	venais	suis venu(e)	viendrai	viendrais	vienne
tu	viens	venais	es venu(e)	viendras	viendrais	viennes
il elle on	vient	venait	est venu(e)	viendra	viendrait	vienne
nous	venons	venions	sommes venu(e)s	viendrons	viendrions	venions
vous	venez	veniez	êtes venu(e)(s)	viendrez	viendriez	veniez
ils elles	viennent	venaient	sont venu(e)s	viendront	viendraient	viennent

Cyberdog **vient** dès qu'on l'appelle.

Cyberdog comes as soon as we call him.

Ils **sont venus** d'une autre planète.

They came from another planet.

vivre

vivant

Sub.	Présent	Imparfait	Passé Composé	Futur	Conditionnel	Subjonctif
je (j')	vis	vivais	ai vécu	vivrai	vivrais	vive
tu	vis	vivais	as vécu	vivras	vivrais	vives
il elle on	vit	vivait	a vécu	vivra	vivrait	vive
nous	vivons	vivions	avons vécu	vivrons	vivrions	vivions
vous	vivez	viviez	avez vécu	vivrez	vivriez	viviez
ils elles	vivent	vivent	ont vécu	vivront	vivraient	vivent

Nous **vivons** dans un endroit très vert.

We live in a place that's very green.

Ils **ont vécu** ici toute leur vie.

They have lived here all their lives.

98

andyGARNICA

Sub.	Présent	Imparfait	Passé Composé	Futur	Conditionnel	Subjonctif
je (j')	vois	voyais	ai vu	verrai	verrais	voie
tu	vois	voyais	as vu	verras	verrais	voies
il elle on	voit	voyait	a vu	verra	verrait	voie
nous	voyons	voyions	avons vu	verrons	verrions	voyions
vous	voyez	voyiez	avez vu	verrez	verriez	voyiez
ils elles	voient	voyaient	ont vu	verront	verraient	voient

Je **vois** des choses étranges dans mes
jumelles.

*I see strange things through my
binoculars.*

Tu l'**as vu** de tes propres yeux.

You saw it with your own two eyes.

99

vouloir

to want

voulant

veuille! / veuillez!

andyGARNICA

Sub.	Présent	Imparfait	Passé Composé	Futur	Conditionnel	Subjonctif
je (j')	veux	voulais	ai voulu	voudrai	voudrais	veuille
tu	veux	voulais	as voulu	voudras	voudrais	veuilles
il elle on	veut	voulait	a voulu	voudra	voudrait	veuille
nous	voulons	voulions	avons voulu	voudrons	voudrions	voulions
vous	voulez	vouliez	avez voulu	voudrez	voudriez	vouliez
ils elles	veulent	voulaient	ont voulu	voudront	voudraient	veuillent

Il sait toujours ce qu'il **veut**.

He always knows what he wants.

Toute ma vie j'**ai voulu** avoir un Cyberdog!

I have wanted a Cyberdog all my life!

voyager

voyageant

andyGARNICA

Sub.	Présent	Imparfait	Passé Composé	Futur	Conditionnel	Subjonctif
je (j')	voyage	voyageais	ai voyagé	voyagerai	voyagerais	voyage
tu	voyages	voyageais	as voyagé	voyageras	voyagerais	voyages
il elle on	voyage	voyageait	a voyagé	voyagera	voyagerait	voyage
nous	voyageons	voyagions	avons voyagé	voyagerons	voyagerions	voyagions
vous	voyagez	voyagiez	avez voyagé	voyagerez	voyageriez	voyagiez
ils elles	voyagent	voyageaient	ont voyagé	voyageront	voyageraient	voyagent

Verbito **voyage** de planète en planète.

Verbito travels from planet to planet.

Tu **voyageras** vers une nouvelle planète aujourd'hui.

You will travel to a new planet today.

French Verb Index

The 101 verbs in **blue** are model conjugations. An additional 140 common French verbs are also included, cross-referenced to a model verb that follows the same pattern.

English Verb Index

This index allows you to look up French verbs by their English meaning. Each English verb is matched to a French equivalent; a French verb in **blue** is one of the 101 model conjugations, while verbs in black follow the pattern of the verb on the cross-referenced page.

cross traverser **18**
cut **couper** **24**

dance **danser** **29**
dare oser **18**
decide **décider** **30**
declare déclarer **18**
deny nier **42**
desire désirer **18**
develop développer **18**
dine dîner **18**
discuss discuter **18**
doubt douter **18**
draw dessiner **18**
dream **rêver** **83**
drink **boire** **15**
drive **conduire** **22**

eat **manger** **55**
enter **entrer** **40**
escape échapper **18**
establish établir **47**
exchange **changer** **17**
exceed dépasser **18**
explain expliquer **18**

fail échouer **18**
fall **tomber** **93**
feel éprouver **18**
fight **se battre** **14**
fill remplir **47**
film, record **filmer** **46**
find **trouver** **96**
finish **finir** **47**; terminer **18**;
   aboutir **47**
fly voler **18**
follow **suivre** **91**
forbid **interdire** **52**
forget **oublier** **64**
forgive excuser **18**;
   pardonner **18**

get angry se fâcher **13**
get dressed, dress up
   s'habiller **51**
get married **se marier** **57**
get undressed se déshabiller
   13
give **donner** **33**
give back rendre **39**
go **aller** **3**
go down **descendre** **32**
go home rentrer **40**
go in **entrer** **40**
go out **sortir** **89**
greet **saluer** **84**
grow **grandir** **50**

hang accrocher **18**;
   pendre **39**
hate détester **18**
have **avoir** **12**
have a good time s'amuser
   13
have lunch déjeuner **18**
hear **entendre** **39**
help aider **18**
hide cacher **18**
hold tenir **80**
hurry se dépêcher **13**;
   se presser **13**

indicate signaler **18**
interrupt interrompre **39**
invite inviter **18**

join unir **47**
jump **sauter** **85**

keep garder **18**
kick **shooter** **88**
kill tuer **18**
kiss **embrasser** **38**

English Meanings of French Tenses

infinitive: to play

present participle: playing

Sub.	Présent	Imparfait	Passé Composé
I	play – am playing	was playing – used to play	played – have played
you	play – are playing	were playing – used to play	played – have played
he, it she, it one	plays – is playing	was playing – used to play	played – has played
we	play – are playing	were playing – used to play	played – have played
you	play – are playing	were playing – used to play	played – have played
they (m/f)	play – are playing	were playing – used to play	played – have played

infinitive: to play

command: (singular informal) **play!** /
(plural; formal) **play!**

Sub.	Futur	Conditionnel	Subjonctif
I	will play	would play	play
you	will play	would play	play
he, it she, it one	will play	would play	plays
we	will play	would play	play
you	will play	would play	play
they (m/f)	will play	would play	play

Verbots now for the **Activ**Classroom!

In conjunction with Tsunami systems, Promethean has now adapted the Verbots educational software so that it runs on any Interactive Whiteboard. Verbots also offers fantastic options for the ActivExpression and ActiVote Learner Response Systems, allowing each learner to vote in class.

For bonus resources, and to see a video demonstration of the software, please visit:

www.PrometheanWorld.com/learnverbs

andyGARNICA © Tsunami Systems

The ActivClassroom is an all-in-one interactive, collaborative, multimedia experience designed to capture the imagination of any type of learner— from the auditory to the visual to the kinesthetic and everywhere between.

PROMETHEAN
LIGHTING THE FLAME OF LEARNING

TSUNAMI SYSTEMS

verbotslearn.com